U0498305

婚姻家事
律师业务技巧

唐应欣 ｜ 著

西南财经大学出版社
Southwestern University of Finance & Economics Press
中国·成都

图书在版编目(CIP)数据

婚姻家事律师业务技巧/唐应欣著.—成都:西南财经大学出版社,
2024.2(2025.4重印)

ISBN 978-7-5504-5951-9

Ⅰ.①婚… Ⅱ.①唐… Ⅲ.①婚姻家庭纠纷—处理—基本知识—
中国 Ⅳ.①D923.9-62

中国国家版本馆 CIP 数据核字(2023)第 194284 号

婚姻家事律师业务技巧
HUNYIN JIASHI LÜSHI YEWU JIQIAO

唐应欣 著

策划编辑:邓克虎
责任编辑:植 苗
责任校对:廖 韧
封面设计:何东琳设计工作室
责任印制:朱曼丽

出版发行	西南财经大学出版社(四川省成都市光华村街55号)
网 址	http://cbs.swufe.edu.cn
电子邮件	bookcj@swufe.edu.cn
邮政编码	610074
电 话	028-87353785
照 排	四川胜翔数码印务设计有限公司
印 刷	郫县犀浦印刷厂
成品尺寸	165 mm×230 mm
印 张	13.75
字 数	276 千字
版 次	2024 年 2 月第 1 版
印 次	2025 年 4 月第 2 次印刷
书 号	ISBN 978-7-5504-5951-9
定 价	48.00 元

1. 版权所有,翻印必究。
2. 如有印刷、装订等差错,可向本社营销部调换。

序

　　唐应欣律师是四川大学法学院 2006 级法律硕士，现为二级律师，擅长婚姻家庭法律专业领域，同时受聘为四川大学法学院硕士学位论文评审专家。作为导师，我一路见证了她的学习和成长。

　　为了培育婚姻家事专业的青年律师，唐应欣律师围绕婚姻家事法律服务涉及的业务点，结合自身 20 余年执业经验和实战案例撰写了这部《婚姻家事律师业务技巧》。婚姻家事法律服务分为法律咨询、案件代理（含诉前调解）、专项服务三部分，本书从服务方式、规范文书、规范要求三方面展开讲述，呈现出婚姻家事律师的专业面貌和办案技巧。可以说，本书展现了婚姻家事律师领域的专业化成果，是婚姻家事法律服务的一个"范本"。

　　通过案例解析的方式，本书较为全面地展现了婚姻家事律师的专业服务，可以帮助读者解决家庭纠纷、化解财产风险、保障品质生活、传承私人财富。本书适合婚姻家事律师特别是青年律师用于加强专业化研习，也适合普通读者日常阅读。书中精选的典型案例不仅涉及离婚沟通技巧、离婚协议重点、婚姻危机指导、父母出资买房、房产增值补偿、股权分割实务、财富传承方案、遗产管理人实务等婚姻家事业务的重难点问题，还包括婚外情、家暴、分居等调查取证指引。

数据显示，截至 2022 年年底，全国有 51 万名社会律师、兼职律师和 9.4 万名公职律师，预计到 2025 年年底，全国执业律师将达到 75 万名，律师专业化发展和专业评定是行业发展的趋势。截至 2022 年年底，四川省已有律师 33 936 人，其中专业律师有 1 114 人（婚姻家事专业律师有 119 人），占比达 3.3%。由此可见，婚姻家事专业律师提升空间广阔、业务前景光明。

期待唐应欣律师在未来呈现更好的专业成果，期盼有志于成为婚姻家事专业律师的朋友们能够喜欢这本书。

左卫民

2024 年 1 月

前　言

　　为了培育婚姻家事专业律师，笔者围绕婚姻家事法律服务涉及的业务点进行系统化、颗粒化，结合自己20余年执业经验和丰富实战案例撰写了这部《婚姻家事律师业务技巧》。婚姻家事法律服务分为法律咨询、案件代理（含诉前调解）、专项服务三类，本书从服务方式、规范文书、规范要求三个方面对每一类服务展开讲述，全方位呈现婚姻家事律师的专业面貌和办案技巧。本书是婚姻家事律师专业化成果的充分展现，是专业律师成长的"优秀教科书"，是婚姻家事法律服务的"范本"，同时也为普通读者评估法律服务提供了有效的"方法论"。

　　本书的主要内容来源于笔者为"点睛网"录制的"婚家律师基础实务和专项服务"课程，该课程自2021年5月上线后，全国逾10万人次的律师参与学习。笔者与"点睛网"通力合作，秉承"将知识点颗粒化"的宗旨，升级新版课程，共计三部分十单元四十九讲，与本书目录一致。新版课程已于2023年5月上线，视频课程与本书相得益彰，配套使用将展现更好的效果。

本书具体内容安排如下:

第一部分是咨询篇,共四个单元(第一单元至第四单元)。其中,第一单元是婚姻家事案件的咨询方式,主要包括电话咨询和当面咨询的目的及方式;第二单元是婚姻家事案件的咨询收费,主要解答咨询服务如何收费的困惑,给客户三种选择,以及关于咨询服务收费的具体建议;第三单元是婚姻家事案件的咨询要领,主要包括接听电话、微信引导、来访引导、咨询告知、回访跟进等咨询技巧;第四单元是婚姻家事咨询文书,主要包括咨询接待流程中常用的服务简介、婚姻综述、资料清单、温馨提示、咨询记录、取证指引的设计思路和参考模板。

第二部分是诉讼篇,共三个单元(第五单元至第七单元)。其中,第五单元是婚姻家事案件的诉讼代理,总结了婚姻家事案件的特点、律师代理常见方式、代理诉讼收费标准;第六单元是婚姻家事案件的诉讼要领,主要包括诉讼服务方案设计、婚姻家事案件的调查取证、婚姻家事案件的调解运用、重视代理成果兑现四个要领,通过实战案例抽丝剥茧,将代理经验进行总结、提炼、传授;第七单元是婚姻家事案件的诉讼文书,主要包括委托合同、离婚协议、补充协议、财产约定、分居协议等高频协议及核心条款的分析讲解。

第三部分是专项篇,共三个单元(第八单元至第十单元)。其中,第八单元是婚姻家事专项服务基础,包括专项服务人群、专项服务方式、专项服务如何收费三方面内容;第九单元是婚姻家事专项服务实操,包括离婚协议、离婚指导、离婚调解、婚姻家事谈判、单亲家事、遗嘱全套、意定监护、监护人尽职调查、遗产管理、家庭风险评估、家企资产隔离等涵盖"婚姻、继承、家企"3类14项专项服务具体操作；第十单元是婚姻家事专项服务文书，主要包括客户沟通记录、风险评估报告、专项服务方案、专项服务底稿、服务成果交付的相关运用。婚姻家事专项法律服务的运用是本书的亮点，唐应欣律师研发的"'企+家'防火墙"荣获成都市律师协会第一届律师法律服务产品创新大赛一等奖，以及重庆市律师协会、成都市律师协会首届成渝地区律师法律服务产品创新大赛优秀奖。"'企+家'防火墙"中涵盖的大部分法律服务产品在本部分进行了详细的服务实操介绍。

截至2023年年底，四川省执业律师人数达到37 959人，较上年增长11.9%；全省律师事务所共有2 117家，较上年增长7.7%。四川省律师协会2023年律师专业水平评定工作尚在进行中，根据前两次评定结果，全省专业律师共有1 114人（婚姻家事专业律师有119人），婚姻家事专业律师相对紧缺，任重道远。

本书选编的司法实务案例的时间轴跨越了《中华人民共和国民法典》实施前后，书中以脚注形式对新旧法律条款进行注释。本书出版后如有法律法规、司法解释的更新，请结合法律适用规则甄别。法律服务是实践性、经验性较强的学科，律师在相互学习中推动了行业的发展。笔者分享的工作模板，来源于亲自办案的探索提炼、所在律师事务所的业务规范、优秀律师的分享交流，书中的咨询表格、取证指引、代理合同、离婚协议、风险提示等模板借鉴了德恒律师事务所、其他优秀婚家团队以及互联网信息资源，聚集着优秀法律人共同的智慧，在此表示感谢！由于写作时间紧，所涉及的内容量巨大，不足之处敬请谅解，期盼读者朋友们提出宝贵意见，以便修订完善。笔者期盼，有志于成为婚姻家事专业律师的朋友们能够由衷地认为，"要想掌握婚姻家事律师业务技巧，看这一本书就够了！"

唐应欣

2024 年 1 月

目录 Mulu

第一部分　咨询篇

第二部分　诉讼篇

第三部分　专项篇

第一部分
咨询篇

第一单元 婚姻家事案件的咨询方式

第一讲 婚姻家事案件的电话咨询

一、咨询目的

我们接到一个陌生人的来电，应该如何提供咨询服务？你是不是停下手中的工作，一边安抚咨询者，一边出主意想办法，在电话中有问必答、知无不言、言无不尽？不知不觉半个小时就过去了。咨询者在电话中信誓旦旦地说："唐律师，非常感谢您，我一定来找您打官司！"然后就没有后续了。不知道咨询应该解答到什么程度，也不知道咨询如何转化收费和引流案源，这是不是戳中了年轻律师的痛点？

接待了若干法律咨询，你有没有思考过电话咨询的目的究竟是什么？是解答法律问题吗？为什么尽心尽力解答之后，如果客户没有委托你代理业务，你会感到失落呢？

在这里，我们需要区分政府购买服务或法律援助岗位的法律咨询目的与律师拓展业务的法律咨询目的。前者是律师的工作职责，不论是政府支付了服务费还是自愿参与的公益服务，律师应当详尽、准确地给予解答；后者是律师洽谈业务的前端，解答咨询的过程其实是律师与客户"双向选择的过程"，免费不是律师的义务，更像是律师营销或低价竞争市场的手段。当你理解了这个差异点时，你就不会再去抱怨。

笔者把电话咨询和微信咨询都定义为便捷咨询。作为一个婚姻家事专业律师，或者你已经成长到一定阶段，不再需要通过"免费咨询"吸引客户，请牢记以下三点咨询目的：

（一）让客户了解律师事务所和律师

在电话咨询中，因时长限制，我们向客户传达的信息应当简短并直击要害，给客户留下一个较好的初步印象。我们可以向客户大致介绍律师事务所的资质、实力以及律师的专业度，让客户初步体验到其可能接受的服务是高水平的、有针对性的，让客户心甘情愿进行知识付费。

（二）律师简要了解客户需求

在电话咨询中，律师可以简要地了解客户需求，通过不断提问的方式来掌握主导权，了解大致案情。这样不仅可以为客户提供当前最有利的选择，也便于对后续的工作有一个初步的准备。

（三）引导客户接受当面咨询

我们经常接到陌生人的电话咨询，应该如何应对？还原一个大家熟悉的场景，当事人特别喜欢提出一些假设性的问题请律师回答，比如，"唐律师，我老公出轨了，能不能让他净身出户？""如果我让他签署一个净身出户的协议，能不能打赢官司？""假如我们离婚，财产怎么分割？"等。更有甚者，在咨询了若干律师之后，已经形成了一套解决思路，想通过咨询来评估优劣或者做出选择。这些都是客户的需求，我们要给予理解与尊重。现在我们探讨的是，如何做电话咨询？

年轻律师经常犯的一个错误在于：在电话中详细地解答客户所咨询的问题，这种客户不停发问、律师一一作答的情形，有没有一种在参加考试的感觉？特别烧脑。这是因为年轻律师不懂得为客户树立"边界感"，也淡忘了电话咨询的目的。笔者建议，在这种时候，我们可以通过问来源、提问题、加微信"三步走"的方式来应对。

二、咨询方法

（一）问来源：接听电话、寒暄问候

中国是典型的熟人社会，即人与人之间通过邻居、亲戚、同事、利益等方式构成了一个高度熟人化的社会，相应地，其流动性和接纳性就比较差，生活相对"静止"。我国律师行业的发展还不太充分，80%的律师像"个体户"，集营销、接待、服务、管理于一体，不像普通企业有市场部、行政部、研发部、业务部、售后部等职能之分。因此，我们大部分的客户来源于"转介绍"。在接听咨询电话时，我们需要先了解彼此的共同朋友是谁，对方是通过什么方式联系上我们的，是通过网络推广还是亲朋好友或者同事领导的转介绍？从客户来源就可以判断客户对我们的了解程度。在通常情况下，通过网络推广引流来的客户，对价格相对更敏感；经过亲朋好友或者领导同事转介绍来的客户，与律师之间已经建立了初步信任度。

（二）提问题：主动引导、了解案情

接待过离婚咨询的律师都有相同的感受：大部分遭遇感情危机的当事人，都会有情感倾诉的需求。在电话咨询阶段，如果不对其加以引导，可能会"离题万里"。因此，在电话咨询阶段，律师会告知客户，请跟着我们的提问来捋清思路，引导客户把案情清楚、详细地讲述出来。比如，面对婚姻危机的客户，我们会问"您与先生是哪年结婚的？""什么原因离婚？""夫妻共同财产有哪些？"等问题。

如果客户的问题很明确，例如，这个房子是男方婚前购买，婚后其父母还帮忙还按揭款，想知道离婚时要不要给女方分财产。根据实务经验，我们会通过提问的方式引导客户进一步思考和讲述，比如，"房子是按揭的还是一次性付款的？""有没有办产权证？""合同是谁签的？""首付款由谁支付？"等。

几个问题下来，律师大致知道案件争议标的和难易程度。通过一连串的发问，也会让客户意识到纠纷不是想象中那么简单，需要在咨询之前有所准备。

（三）加微信：咨询报价、筛选客户

结合客户的回应，律师会在电话中做一些简单的判断，给予一些意见和建议。如果客户只是想"了解"一下，我们的电话咨询就维护了"人情"；如果客户确实是想寻求律师帮助，我们可以告诉客户带上相关资料到律师事务所当面咨询。我们"应欣家事"团队的律师咨询费是3 000~5 000元/小时，客户按照我们的咨询流程有备而来，一个小时就能解决问题。律师会告诉客户，我们的电话与微信同号，电话沟通结束后可以加律师微信，律师会把相关咨询表格推送给客户，提醒客户带哪些资料来面询。

年轻律师可以根据自己的实际情况、发展阶段决定是否收费。你可以免费咨询引流，也可以体现一定的咨询收费，但一定要记住，不管是网络付费咨询还是到律师事务所面询、委托代理，电话咨询的目的不是解答全部问题，而是引导客户购买律师服务。

便捷咨询还有一种方式是"微信咨询"，以上"三步走"的策略同样适用，在此不再展开详述。

第二讲　婚姻家事案件的当面咨询

一、咨询目的

（一）八个要点

通过当面咨询，我们要对八个要点予以明确：婚姻基础及婚姻现状、感情破裂原因、分析有无和好的可能、判断是否符合离婚条件、离婚涉及的子女抚养及财产分割是否存在难点、采取非诉讼程序还是诉讼程序实现诉求、离婚存在的风险、是否存在需要补证的事实。

（二）十二字诀

添加客户为微信好友之后，我们的律师会给客户分享一个链接和两个文书，即公众号上的"应欣家事"和《产品介绍》《婚姻综述》。

我们以前常犯这种错误，如当事人的亲戚推荐来咨询离婚的，律师做完咨询之后感觉当事人对于离婚事项有所犹豫，就会劝其回去考虑清楚后再来，而客户大概率是不会再来了。一方面，律师会因为投入了时间、精力、智力成果却没有转化为业务而懊恼；另一方面，我们开始反思预约客户当面咨询的目的是什么？如果只是维系人情、适当安抚当事人，其实电话咨询就可以实现。

离婚案件有着周期长和调解率高的特点，当事人在婚姻危机中自我成长需要较长时间，因而离婚咨询兼具法律和情感服务的性质。离婚是高频咨询，但是"成案率"很低，原因是离婚案件涉及情感纠葛和儿女牵绊，咨询很急迫，决策很漫长，要尊重客户自我成长的"节奏"，就像我们守护儿女"自由成长"一样。

离婚咨询既能够帮助客户全面、清晰地了解财产分割并做好财产保全工作，也可以根据客户的沟通重点确定分析诉讼方案的利弊，律师提供的服务是向客户提供专业的意见。"应欣家事"是坚持做收费咨询的团队，大多数客户都具备付费意识，只是不知道付多少钱合适，这就需要我们去正确引导，我们在《产品介绍》上就公示了律师事务所的收费标准。

因此，当面咨询的目标我们应当确立为"签单"，即确定律师与客户的委托代理关系。当面咨询的目的概括起来就12个字：了解需求，初步判断，转化服务。下面，笔者将结合相关案例的咨询、分析、代理过程，帮助大家进一步理解。

二、咨询方法

男方与女方于2008年10月结婚，2009年2月生育了一个女儿。2017年5月，双方协议离婚，《离婚协议书》载明：女儿由男方抚养，女方按月支付其子女抚养费2 000元；两套房屋赠与女儿，房贷由男方和女方共同承担，每月贷款一万余元。然而，离婚后，女儿一直由女方抚养，在女儿随女方生活期间，生活费、教育费、医疗费均由女方支付，男方支付了数月房屋按揭贷款。2019年3月，男方要求与女方进行协商，希望可以重新分割夫妻共同财产，遭到女方拒绝后，双方矛盾激化，经两次派出所调解无果。女方非常害怕，前来预约当面咨询。

（一）切实了解客户需求

这是一个抚养权纠纷的案子。男女双方在离婚协议书中约定将夫妻共同财产赠与女儿，但房产正在按揭且未过户，离婚协议约定的女儿随男方生活，而离婚后女儿实际是跟随女方生活。男方基本上是"净身出户"的状态，将存款、投资都留给了女方。离婚后男方对离婚协议书中约定赠与女儿房产的条款反悔，要求亲自抚养女儿，但女儿已经年满10周岁且不愿意随父亲生活，男方因此行为过激而导致女方多次报警，现女方希望委托律师打官司，变更女儿抚养权。

在咨询的过程中我们发现，女方对于起诉这件事感到很"害怕"，一是担心去男方户籍地诉讼，会受到案外因素的干扰；二是害怕男方情绪失控对母女造成人身伤害，女儿"见到爸爸就紧张""不开心"等，被诊断为"混合性焦虑抑郁反应"。这个时候女方来求助律师的真正目的是什么？她的需求是什么？我们认为，她应该是想找到一个方法能让她和女儿的生活恢复平静。因此，我们可以得出结论，女方的直接需求是变更抚养权诉讼，真实需求是妥善解决与前夫的情感矛盾与财产分割问题。只有解开后者的症结，她和女儿才能过上正常的生活。

（二）初步判断结案方式

为了满足女方的需求，律师可以用什么样的方式去解决问题呢？在跟女方沟通的过程当中我们提出疑问，为什么男方不主动提起诉讼？男方为什么要选择纠缠？

律师从法律观点上初步判断，因为离婚协议是一个"一揽子协议"，男方在离婚时将夫妻共同财产赠与女儿后又想单方面撤销赠与，在实务中胜诉概率较小。律师直言不讳地告诉女方，男方争女儿实际是争房子的控制权。男方现在拟组建新的家庭，经济压力较大，一方面离婚时将财产赠与女儿，另一方面离婚后还要持续偿还银行按揭款，经济压力过大势必使自己陷入困境。单纯的"变更抚养权"诉讼不能彻底解决问题，纠纷的症结在于男方对离婚协议的财产分割反悔，而根据现行司法实务，其无权单方面撤销房产赠与。

我们建议女方考虑"以打促谈"调解结案，在争取抚养权的同时给予对方适当财产补偿。我们的代理目的不是单纯的抚养权变更诉讼，而是要真正地帮客户搭建一个可以进入法院的诉讼流程和沟通平台，然后由法官组织调解。从女方的角度来讲，其把夫妻共同财产赠与女儿合法合理，这是女方对自己财产的一个赠与和处分，女方可以不同意补偿，但即便女方在变更抚养权诉讼中胜诉，败诉的男方也会持续上诉，纷争不断、矛盾激化。从男方的角度来讲，财产是与女方共同创造的，在离婚的时候除了将房子赠与女儿，其所有的存款、基金、债券财产都归女方所有，男方提出其经济陷入困难需要帮助的请求有一定的解决基础。

（三）有效转化委托代理

咨询结束后，我们与女方签订了《民事代理合同》，委托代理内容为变更抚养权和向男方追索部分由女方垫付的生活费、教育费、医疗费等，代理期限为一审终结。

笔者在第三部分家事案件专项服务的环节还会特别讲到"家事先行"的概念，就是通过婚姻家事咨询服务，可以发现客户的很多真实需求，我们的法律服务需要切实、有效地回应客户需求，更为复杂的专项服务就是从家事案件咨询开始的。

第二单元　婚姻家事案件的咨询收费

第三讲　咨询服务如何收费

电视剧《精英律师》中有一个较为经典的桥段，罗槟律师对客户说："我作为资深律师，一小时的收费标准是 6 000～100 000 元，根据案件性质、复杂程度、工作所需耗费时间等因素，外地民事经济行政案件不涉及财产的咨询费不低于 5 万元。"《精英律师》热播后，律师们纷纷吐槽，认为真实世界里的律师收费远远没有达到剧中律师的收费水平。

律师是一个高度竞争而又高度市场化的职业，目前我国的律师在向老百姓提供法律咨询服务时，大部分情况下都是不收费的。免费的目的是拓展代理业务。俗话说："宁拆一座庙、不毁一桩婚。"在婚姻家事领域如果一味追求以代理离婚诉讼为目的，律师容易产生较大的内心冲突。因此，在婚姻家事法律服务领域，我们一直倡导做"付费咨询"，并总结出一套完整的咨询流程和方法论。

一、三种付费选择

若律师以"成交"为目的向客户提供咨询服务，就会陷入律师行业以"免费"导致的"恶性竞争"，并增加通过"免费"咨询转化"打官司"的必要性。然而，面对不同需求的离婚客户，我们应当给出多种付费选择。以王女士为例，王女士表示自己在与先生协商离婚，焦点在于两套房产的分配与补偿，在电话交流时希望了解律师能提供哪些服务，于是我们表明，将给出付费咨询、离婚指导、委托代理三种方式。

（一）付费咨询

根据我们的经验，很多当事人刚开始并不清楚自己的真实需求，通常在咨询的过程中才梳理出真实的想法，明确法律服务的需求。我们建议，王女士第一步要选择付费咨询，不论离婚与否，先做咨询，我们的收费标准是 3 000～5 000 元/小时。请王女士按照律师的指引清单，带上资料到律师事务所咨询，听取律师分析夫妻共同财产会如何裁判的专业意见。

（二）离婚指导

如果王女士有信心能与丈夫协商离婚，我们可以提供离婚谈判辅导服务，通过咨询和指导，协助王女士与丈夫签订离婚协议。鉴于《中华人民共和国民法典》生效后婚姻登记机关落实"冷静期"制度，每个地区的民政局操作方式皆有所不同，我们会指导和陪伴客户完成离婚登记。

（三）委托代理

如果王女士与丈夫协商失败，双方对于夫妻共同财产分配的意见差异较大，可以再委托律师代理离婚诉讼。

王女士先选择了付费咨询，后来又选择了离婚指导。在协商离婚的过程中，律师站在女方的立场，详尽分析了抚养费可以怎么争取、监护权约定如何有效、共同财产如何平衡、男方的回应退让空间、离婚后如何与男方家人相处等详细问题。协议离婚能够帮助女方争取利益最大化，避免子女因为父母离婚诉讼而受到过多的创伤。每个细节的指点，都是律师积累的经验和对若干撕裂家庭的创伤的总结。最终，王女士很顺利地签署了离婚协议，办理了离婚。

但并非所有案件都如此顺利，有的客户即使选择了离婚指导，仍然没能顺利协议离婚，其中的原因亦是多样的。例如，我们另一位客户吴女士，她性格强势，常处于"得理不饶人"的状态。律师对男方给出的离婚条件进行分析，判断出在当前的局面上相较于法院判决的结果，已经更有利于吴女士，但吴女士仍然选择坚持自己的要求。双方经过三次调解都没有达成一致，丈夫提起了离婚诉讼。在离婚诉讼中，吴女士回归理性，在法院的主持下进行调解。得益于律师前期的指导工作，双方没有激化矛盾，女方知道怎么保全财产，男方也没有虚增债务，简化了离婚过程，也避免了许多麻烦。

二、咨询付费——律师视角

笔者曾经在"应欣家事"公众号上写过一篇名为《2 000 元/小时咨询费背后隐藏的家事律师情怀》的文章，看到文章标题时，相信很多朋友都会惊叹费用之贵。其实，包括很多同行都对此不怎么理解，不知道为什么我们要坚持收咨询费，同行笑谈我们团队"目光短浅"，咨询费与代理费相比，简直是捡芝麻丢西瓜。然而，前不久发生的两件事，让笔者滋生了要好好谈一谈这个问题的念头。笔者看到朋友圈一位同龄律师英年早逝的消息，想到自己每年例行的身体检查，2023 年已经延期到 9 月，于是预约了医院复诊。这时，微信跳出一条消息："唐律师在吗？今天警察把我带走了，说我涉嫌诈骗。"这是一家顾问单位的职工，由于恋爱纠纷遭遇骚扰，在我为她提供了一次电话咨询后，连续两次致电告诉我，在她的眼中，"恋爱赠与"很正常。在我看来，她的外在行为表现确实有"诈骗"的嫌疑，我建议她立即聘请律师作为代理人以进行沟通和谈判，而她感觉事情并不紧迫，就此不了了之，如今却被请到了警局。

免费咨询—透支身体—面临健康风险，这是部分律师的工作模式。律师自认为已经尽力在帮助客户，但是结果往往事与愿违。一方面，客户的大量咨询使得律师的工作量剧增；另一方面，免费咨询会误导客户的心理状态，被人为营造出事态不严重、不紧迫的假象，而这种侥幸心理的后果只有咨询者自行承担，许多咨询者甚至付出过巨大的代价。

下面，笔者就从律师和客户的角度跟大家聊聊：家事律师为什么应该收费，以及客户如何获得有效咨询。离婚咨询兼具法律咨询和情感梳理两方面的服务，离婚案件周期长，具有调解率高、婚姻危机自我成长需要较长时间的特点。基于上述特点，笔者建议客户找专业律师咨询，一定要选择付费方式，购买律师的有偿服务。设置咨询门槛，不是拒绝客户，而是尊重客户自我成长的"节奏"，就像我们守护儿女"自由成长"一样。

（一）咨询兼具疗愈效果

家事律师每天都在处理"亲密关系"之间的冲突，身处负能量的漩涡。若律师不兼修心理学，不仅无法帮助客户抽离负能量，甚至会影响到自身。通过观察客户如何沟通、如何描述问题、如何评价配偶、是否填写咨询记录、预约是否守时等细节，我们可以甄别客户向律师描述的情感问题是否真实。在首次付费咨询中，客户就能够得到律师为其梳理感情困境和解答法律咨询的双重帮助。

（二） 离婚诉讼时间较长

夫妻之间若无力处理婚姻中婆媳关系、子女教育、经济贡献等矛盾，选择离婚是最简单的方式。离婚分为协议离婚和诉讼离婚，去民政局办理协议离婚是相对便捷、快速的方式。如果双方协商不了，就需启动诉讼程序，若第一次起诉离婚时没有法定离婚理由，则大多判决不离婚；而原告想要坚持离婚的，依法律规定则需要半年后再次起诉。

（三） 尊重客户自我成长

离婚是高频咨询，但是"成案率"很低，原因是离婚案件常常涉及情感纠葛和子女牵绊。特别是遭遇第三者插足而离婚的，通常都是冲动性离婚。这类客户的结局，要么最后选择不离婚，"隔离"支持其离婚的亲友；要么经过半年以上的时间才会下定决心离婚，选择以协议离婚的方式结束婚姻关系。离婚咨询能够尊重客户的自我成长，在咨询中帮助客户通过法律视角了解自己，帮助客户全面、清晰地对财产进行分割并做好财产保全工作。

（四） 不以签单为目的的咨询

如果以"签单"为目的提供咨询，律师受到服务报酬或利益的驱动，会适当夸大夫妻双方的矛盾，引导客户提起诉讼，这有悖于律师的职业道德，也会偏离客户的真实需求。如果不以"签单"为目的进行咨询，客户为律师的智力成果支付报酬，律师可以单纯地提供咨询解答、证据分析，站在客户立场提供建议。因此，有律师感慨："很多案件通过咨询就能解决当事人的问题，维系了婚姻的稳定。"也有客户评价："不以签单为目的的咨询，只有家事律师能做到。"

我们目光犀利、思维敏锐但心怀慈悲。作为律师，我们不只是以签单作为咨询目的，在咨询中，我们还会为当事人的处境着急。面对前面提到的那个被警察带走的女孩，我们知道她有可能会遭遇什么劫难并提出建议，但律师不能代替她做决定。在与当事人接触的过程中，律师能看到每个生命的独特和他们背后的挣扎，客户做出任何选择，无论离婚与否，我们都应给予理解和支持，就像客户给予我们的评价——"最有温度的律师"。

三、咨询付费——客户视角

前面笔者从律师视角分析了律师为什么要做付费咨询，这里笔者再从客户视角谈谈，客户如何咨询、咨询有哪些流程、如何节约咨询时间、如何提升咨询效果。笔者将结合工作经验，用一套流程来帮助客户获得有效咨询。

（一）简单交流、引导沟通

家事客户受情绪的影响，通常很难将一团糟的家庭纠纷梳理清楚。我们在接听电话或者微信回复时，会引导客户将思路聚焦到这些问题上：家里发生了什么事情？想咨询的法律问题是什么？请律师的目的是什么？

简单沟通后，律师发现很多客户并不是真心想离婚，有的客户在考虑离婚的利弊之后产生了诸多犹豫，有的只是在赌气、怄气。所以，只有通过咨询，了解案情、理解诉求、权衡利弊，我们才能结合案件帮助客户聚焦律师工作的目的。如果客户不谈案情，只关心律师报价高低和能否胜诉，通常无法达成其真正期望达成的目的；而当律师多次引导后仍然交流失败的，我们会婉拒这类客户。

（二）填表梳理、提前准备

初步交流之后，我们会给客户发一个《咨询记录表（客户版）》，请客户填好表格后跟律师预约面询。

表格中的第一部分是情感总结，即要求客户本人自述婚姻的基本情况，包含婚前基础、婚后感情、离婚原因等板块。通过客户的角度，律师能够初步了解案情，并且帮助客户整理思绪。整理的过程同时也是疗愈的过程，客户本人可以看到婚姻中出现的问题，找到问题所在；律师则能更有针对性地去解决问题。

第二部分是财产状况，能方便律师判断选择调解是否更有利于问题的解决，对后续拟定调解协议等有所帮助。财产部分通常包括房产、存款、股票、股权、家具电器、贵重金属、贵重物品、车辆、其他财产等。而离婚最大的障碍通常是房产分割，对于按揭房屋，一般要考虑其首付款时间和首付款金额以及付款的来源和方式是什么，诸如此类的信息能够引导客户梳理财产情况，让客户对自己的财产有更清晰的认识。

第三、第四、第五部分则是对客户意见的收集。律师通过对意见的分析能够判断客户的真实需求，以便为其更好地提供专业化、针对性的服务。

通过整张《咨询记录表（客户版）》，律师对案情有大致的了解，对客户的真实心理有更深刻的认识。有的客户对婚姻问题非常清晰，对是否离婚有过深思熟虑；而有的客户则看重个人隐私，可能采取回避、逃避的态度。对于财产情况，律师会进一步从专业角度列出《材料清单》，告知客户哪些资料需要进行补充收集，补充收集之后还需交由律师进一步审查。

《材料清单》主要包含身份、财产、债务三大类。其中，身份类要求客户准备身份证复印件、户口簿复印件、出生证明、结婚证、离婚证或者婚姻登记档案等证明当事人身份的材料；财产类一般会根据财产性质进行分类，如不动产类、银行存款类、股票基金证券等理财产品、车辆、保险、股权、贵重物品、对外债务债权等，要求各财产应有相应的凭证。

（三）付费下定、杜绝拖延

家事无小事，每位客户在走入律师事务所进行离婚咨询之前都需要极大的勇气。曾经有位客户，在她结婚的第一天就开始面对老公出轨的问题，20年来，其老公出轨的事情频繁发生，从未间断。当她忍无可忍，向家人倾诉后，全家都支持她离婚，于是她的侄女通过付费的方式请笔者为她咨询。但是，在接待完咨询后，我判断该客户的真实想法是不想离婚，因担心离婚会让其丧失经济支持。

还有很多客户经朋友转介绍，咨询期间都会直接或隐晦地表达，不希望介绍人知道太多咨询细节。甚至有些客户跟律师约好咨询时间后会无故爽约或者迟到，这些都是他们潜意识中不愿意面对"离婚"的表现。

因此，经过前期沟通和预约，笔者会要求客户支付咨询费，并叮嘱客户准时到场咨询。律师团队也会针对客户的问题做好法规检索、案例检索、案情分析等准备，为客户提供有品质保障的咨询。

笔者在全书使用"客户"这一名词，就是在设置边界：法律咨询是一个工作场景，不是闺蜜聊天。律师从事的是服务行业，客户聘请律师，是用"等价交换"的方式购买律师的时间。律师的职业情怀和社会责任已经内化到我们每一次服务之中。

（四）有效咨询、自力救济

我们通过咨询这一阶段就能掌握大致的案情，对客户的咨询进行判断以及给出后续解决方案，能让客户有"物超所值"的服务体验，感受到其知识付费是有价值的。有条件、有能力的客户在这一次咨询后，甚至能够获取到各种有效信息，得知救济途径，完全可以不再聘请律师，而是进行自力救济，一切事宜自己进行处理。这种有效咨询不仅大大提升了争议解决的效率，也让客户有较高的满意度。

第四讲 咨询服务收费建议

电话咨询及微信咨询原则上实行"免费咨询"，且时间不超过 15 分钟。超过 15 分钟的咨询，应引导客户到律师事务所当面咨询。如何才能做好收费咨询呢？我们可以明确收费咨询是一个计时服务，有相应的收费标准，而且一定要有效果。

一、计时服务

收费咨询原则上是按小时计费，通常我们也只做一个小时的咨询。我们通过"有告知、有标准、有确认"三个环节做到对收费标准进行提示。

（一）有告知

前面讲到了电话咨询的环节，我们会花几分钟的时间跟客户进行沟通，在免费咨询阶段虽然不需要全面地回答问题，但律师的解答都会给客户带来收获。同时，我们会告诉客户"只做收费咨询"，如果客户需要获得更有效、更精准、更专业的法律帮助，可以进一步与我们预约并选择收费咨询。客户通常会询问咨询费的收费标准，我们会口头告知一个收费区间。在通常情况下，咨询费标准与接待律师的执业年限和专业资质有关。

（二）有标准

在"便捷咨询"阶段，我们强调咨询服务的正确做法是"问来源、提问题、加微信"。我们在通过电话咨询将客户添加到微信之后，律师可以主动向客户推送收费标准。我们公众号上有个"应欣家事"简介链接"@唐应欣"，内容包括律师事务所介绍、律师介绍、律师事务所环境、收费标准，当我们添加新朋友以后会将链接进行分享，客户就会知道律师事务所高级合伙人的咨询费收费标准是 3 000~5 000 元/小时。客户通过浏览链接，会明确地知悉法律咨询服务是有收费标准的。

（三）有确认

在"当面咨询"阶段，当客户到我们的咨询室入座的时候，我们会再次同婚姻家事的客户进行一个确认，如今天我们的服务是有偿的以及我们收费的标准是什么等。我们为什么会不厌其烦地跟客户提示"咨询收费"？根据我们长期积累的经验，婚姻家事的当事人受情绪的困扰，他/她的关注点在于情感纠葛，记不住律师给他交代的事项。甚至有的客户，我们一而再再而三地提醒他，预约面询是有偿服务，来到咨询室仍然表示是"刚知道"，所以这个"收费确认"环节非常必要。

三个阶段下来，我们就完成了一个完整的示范流程，客户能清晰地知道律师的面询服务是计时收费的，客户也会认真地梳理问题、聚焦沟通、节约金钱，避免在当面咨询的环节过多地倾诉情感问题。

二、价格标签

（一）收费标准的确定因人而异

国家和行业协会对于律师咨询费收费标准没有强制性规定，律师是否收取咨询费以及具体定价区间与律师事务所的管理和个人的成长阶段有关。在此，笔者倡导律师的咨询服务是有价值的，律师一定要在咨询服务上明确一个"价格标签"。

当面咨询是否收费，根据个人情况而定。初级律师为了让自己积累更多的经验，会选择做免费咨询，为洽谈案件创造机会；中级律师通常已经成长到一定阶段，可以筛选客户和案源，对维护人际关系还是转化案源的抉择自有分寸。我们的法律咨询服务有定价标准的好处在于，即使免单，客户亦能知道你的人情价值是多少。比如，你今天接待了一个朋友的亲戚的免费咨询，客户可以明确地知道今天你给他免单的价值是 2 000 元，那么人情关系可以得到更好的维护。一般收费咨询结束时，我们会明确地告诉客户，如果咨询当日委托我们代理诉讼，可以免收咨询费。

（二）收费咨询是专业的服务关系

通过收费咨询，我们律师与客户建立的是服务关系，而不是朋友帮忙的关系。能否给客户带来获得感，与律师年龄无关，而是与律师的专业度有关。笔者可以非常自信地告诉大家，客户一定会有收获，因为我们律师是专业人士，在咨询阶段抓住专业性、关键性问题进行答疑解惑，即便只是为处在迷茫困惑之中的客户"拨开迷雾"，对其来讲亦是性价比极高的。

这里，笔者不禁想到一个具有代表性的场景。客户在洽谈预约咨询时，难免会流露出他的担忧："唐律师，咨询会不会没有收获?"笔者答复："您放心！请按照我们的咨询流程来，您把想要咨询的问题准备一下，我们的沟通一定会高效且让您收获颇丰。"在咨询结束之后，我们及时询问客户："您觉得今天有收获吗?"客户给予我们的反馈是他脸上满意的微笑，同时，他给出了"非常有收获""物超所值"等评价。

临走时，客户甚至愿意多付50%的咨询费，以此肯定律师提供的专业咨询服务。客户对于支付费用的态度亦是其内心满意度的最直观体现。这位客户后续还与我们签订了《委托代理合同》，我们继续为其提供代理服务。无论是咨询服务还是代理服务，得到客户的肯定和认可是对律师有偿服务工作最大的激励。

因此，收费标准和收费服务的确立，我们要明确三点内容：第一，因人而异。法律服务是一个特殊的行业，是否收费根据个人和律师事务所情况而定。第二，知识有价。我们提供的咨询服务为客户节约了时间和精力，客户为咨询服务买单是理所当然的事情。第三，充满自信。成为一名合格的律师，我们通常会经历法学院本科或硕士学习、通过司法考试、实习律师考核等门槛，大多都能在咨询阶段给予客户一些启发与收获。

第三单元　婚姻家事案件的咨询要领

第五讲　接听电话

一、以倾听和引导提问为主

婚姻家事案件的特点在于当事人倾诉欲求很强，在接听电话的环节，作为一个专业律师，要学会去倾听并且注重引导客户倾诉的内容，区分重点和非重点；否则，可能浪费大量的时间在一些对案件没有帮助的琐事上。这也是很多年轻的婚姻家事律师容易犯的一个错误。

二、理解并确认咨询者需求

在接听客户咨询电话的时候，最重要的是找到客户的真实目的或真正需求，这对于整个电话咨询乃至后面的案件代理都是至关重要的。有的客户会直接向律师表明他的真实目的，而有的客户的真实目的可能还需要通过对话或者其他方面的细微观察才能知道。为什么要关注客户的真实目的，因为这直接决定了电话咨询完毕或者案件代理完毕之后客户对律师的印象和评价。

另外需要注意的是，在电话咨询的最后，我们应当再次与客户确认重点信息。其原因在于，电话咨询的时间较短，交谈内容较多较杂，一些信息可能在传播的过程中出现纰漏。与客户确认咨询的重点内容，一方面有利于防止信息出现偏差，减少出错的可能性；另一方面，也有利于帮助客户进行信息梳理。当然，客户可以通过"确认重点信息"这一行为，感受到律师的认真负责和专业严谨，这有利于客户在这之后基于前期的良好印象而与律师建立委托代理关系。

三、抓住感情是否破裂是重点

如果客户的真实目的是希望离婚时尽可能多分夫妻共同财产或者争夺子女

的抚养权，那么抓住"感情确实已经破裂"是重点，因为如果不能离婚，则财产分割、子女抚养的诉求就无法实现。因此，笔者经常跟客户讲，如果不能协商离婚，那么"离婚"是最重要的环节，如果解除婚姻关系这个前提不存在，那么其他的内容都没有存在的基础。

"夫妻感情彻底破裂"的关键是对法定离婚事由的认定。例如，重婚或者与他人同居；实施家庭暴力或者虐待、遗弃家庭成员；有赌博、吸毒等恶习屡教不改；因感情不和分居满两年；其他导致夫妻感情破裂的情形。

四、引导客户添加微信好友

接听电话咨询的目的在于什么呢？在于引导客户添加微信好友。这是因为电话本身的功能较为简单，远不及社交软件的信息对接功能。只有引导客户添加了微信好友，我们才能更加方便地与客户进行深度的沟通、交流。

可以说，微信作为社交软件在我们和客户之间构建了信息输出的桥梁，通过微信，我们可以更为便利地展示自己的简介图片、法律服务信息等。同时，我们在朋友圈发布的专业动态，也得以进入客户的视野，客户在关注之后，当其需要专业法律服务时，可能会想起我们。如果仅是通过电话进行联系，这种持续性的、有深度的信息输出和形象输出恐怕很难实现。

第六讲　微信引导

一、发送服务简介

引导客户添加微信好友之后，我们应当及时向客户发送自己的服务介绍、律师事务所介绍、律师个人介绍等，这些推介既可以是图片也可以是链接。推介相关信息的时候，应当给予客户温馨提示，且保证所推介的内容尽量保持简单明了。

二、发送咨询文书

发送服务简介之后，我们便可以向客户发送《婚姻综述》或者其他用于表述婚姻状况、疏导情绪的清单。

《婚姻综述》的作用在于以下两个点：

其一，帮助律师更准确、更高效地了解客户的感情经历、财产状况、最终诉求等。特别是在团队协作的过程中，如果当面咨询的律师与实际办理诉讼案件的律师不是同一人，那么通过简单地阅览《婚姻综述》，便可以知道案件的基本情况，可以有效地减少反复交流沟通的时间成本，同时避免信息传递过程中的失真情况。如果没有《婚姻综述》或者类似清单，律师反复向客户进行确认，也会给客户带来"律师办事敷衍""不用心""不专业"等不好的印象，这是得不偿失的。

其二，帮助客户梳理自己的情感脉络和财产状况以及思考自己最终的真实目的。一方面，一些客户进行电话咨询或者当面咨询的目的可能只是单纯地寻找感情发泄的地方，很多律师也往往被迫成为情感垃圾的宣泄地。其实不管客户的真实目的为何，婚姻家事案件本身就蕴含了大量的负面情绪，客户在《婚姻综述》上写出来，多多少少能够得到一定的情感宣泄与满足，从这一层面来说，《婚姻综述》具有一定的情感治愈作用，因为很多客户平时出于个人隐私和脸面等原因，确实没有一个合适的地方予以宣泄，负面情绪只能越积越深。另一方面，很多客户平时并不注意自己的财产状况，所以对于自己并没有一个正确、全面的认知，在填写《婚姻综述》的过程中才发现自己对于财产状况知之甚少，填写完综述也会发现其起到了一个"点醒"的警示作用，能够帮助自己更好地处理后续的财产问题。律师在给予客户固定证据等专业建议时，客户的重视程度和配合度也会相应地提高。当然，这也有利于律师对客户财产状况的了解。

一个全面的《婚姻综述》往往能够起到意想不到的效果，也能够向客户传达律师的工作态度细致认真、办案能力专业出色等正面信息。

三、预约当面咨询

接下来，就是为客户办理当面咨询的预约。律师是可以自主安排自己时间的，除了开庭这些由法庭确定的日期之外，其他如开会、会见、调查、接待等日程大部分可以根据事项进行调整。预约是为了更合理地安排客户与律师自己的工作日程、行程计划。通过预约，律师可以提前熟悉客户咨询的内容，对一些难点法律问题提前做准备；还可以帮助客户建立沟通规则，让客户理解律师服务的特殊性。

四、提醒携带证据

对于决定前来面询的客户，我们需要提醒其来律师事务所面谈时所要携带的相关证据材料，提高沟通效率和咨询效果。律师在接待咨询时，可以通过查看证据内容以印证专业判断，给予客户更精准的咨询。

比如，有位客户预约咨询离婚事宜，笔者团队律师审查了《婚姻综述》后，建议其携带以下材料前往律师事务所：第一，夫妻双方签订的协议、承诺等内部约定；第二，感情破裂的证据（聊天记录、客户已经调查到的各种信息）；第三，财产证据，包括房屋和车位的产权证、车辆登记证、债权债务信息等。

第七讲　来访引导

客户前来赴约时，律师应当注意做好来访引导。客户愿意付费进行当面咨询，一定是经过深思熟虑的，要么是觉得咨询的事情较为重要，要么是客户对律师的信赖达到了较好的程度。因此，确保客户当面咨询的体验感就十分重要。很多年轻律师往往觉得律师的专业能力最为重要，解决法律问题应当是第一顺位的追求，却忽视了客户在接受专业法律服务过程中的体验感。在来访引导时加强客户的体验感的诀窍在于让客户有"被重视""被关注"的亲切感受，以及注意在来访过程中的一些细节问题。

那么，我们在来访引导中应当注意哪些问题呢？

一、助理提示

助理应当提前（如提前一天）与客户确认会见时间与地点，并且适当地向客户再次确认："预约明天上午 10 点，您是否能准时到达？"此外，助理还应当提醒客户资料是否已经填写完毕，所携带的各类证明文件是否准备齐全。甚至，如果天气转凉或者可能下雨，助理也可以贴心地提醒客户注意加衣保暖、携带雨伞等情况。婚姻家事案件中的客户往往都受到过一定的心灵创伤，在情感触达上比较敏感，一些细微的举动能够使客户心有触动，感觉到自己被重视、被关爱，这也是婚姻家事案件与其他诉讼类案件有所不同的地方。

二、来访路线

律师助理应当提前向客户分享停车路线，引导客户怎么坐车，在律师事务所楼下怎么停车，负责迎宾接待，把客户引导到律师事务所来，给予其最专业的服务。在客户预约到访时间前几个小时，律师助理还应当问候客户能否准时到访。如果客户没有按照预约时间来到律师事务所，助理还应当与客户再次进行联系，看看客户是否有堵车或者其他意外情况发生，恰当地予以回应和安排有关事项。

笔者的律师团队为客户到访制作了图文并茂的指引，包括公共交通路线、自驾停车指引等，助理只需要一键转发给客户，高效精准。

三、预约接待

在预约接待的时候，我们还可以注意具体的接待环境。

因为婚姻家事案件的客户通常为情感所累，情绪波动的时候律师或其助理递上纸巾或倒一杯热茶以安慰对方，或在布置得相对温馨简洁的房间内进行洽谈，客户会放松下来，情绪稳定得更快。若装修风格非常严肃认真，可能带给客户很大的压力。即便律师事务所的装修风格各有标准，也可以将一个单独房间布置为专业的婚姻家事咨询接待室，在软装饰或摆设上增添温馨体贴的细节，营造温暖安全的氛围。让客户觉得律师团队既专业又亲切，从而愿意倾诉心事，愿意将遇到的法律问题委托给律师来解决。

第八讲　咨询告知

一、告知收费标准

在咨询之前，我们会再次确认，今天的咨询是付费服务、收费标准如何、接待客户的律师级别如何。因为有些客户的记忆有选择性遗忘的情形，即便我们在咨询的过程中反复强调本次咨询为付费咨询，客户在倾诉的过程中还是有可能忽略这一点。

二、告知保密义务

我们在律师事务所进行咨询接待的时候，会安排助理同步做好咨询记录，便于客户进行后续确认，也便于团队其他律师跟进服务。同时，我们会告知客户，请客户放心，"保密"是律师的职业操守。即使是某某朋友转介绍而来的客户，我们也只会向朋友反馈咨询情况，但不会告知咨询的具体内容。对于婚姻家事案件中当事人的个人隐私，律师具有保密义务，作为有职业操守的专业律师，不会泄露客户的秘密。同时，律师也会提醒客户，请敞开心扉向律师讲述案件事实，只有向律师介绍真实的情况，律师才能最大限度地帮助客户解决问题。当然，对于客户不愿意讲述的内容则可予以保留。

三、确认咨询记录

法律咨询的成果是律师根据客户介绍的情况，结合现行法律规定和办案经验为客户做出的解答。律师助理会全程记录客户讲述的案件事实以及律师提供的法律咨询解答。

由于咨询阶段是按小时计费，故律师每次咨询均应做好记录，包括服务时间、地点、内容、服务计时等。咨询记录是计算咨询费用的依据，原则上应由客户签字确认，这既是对案情的确认，也是客户对服务时间的确认；既能让客户感受到公平，又能让客户对律师的敬业态度及专业高度予以认可。

笔者从"案情确认"的角度谈两点好处：一是客户靠脑子记忆，通常没有我们书面记录完整，书面记录可以帮助客户把握案件事实和法律要点；二是如果形成后续代理，团队律师可以通过咨询记录快速了解咨询的内容，在后续工作中还可以修改咨询记录，请客户确认陈述的事实。

因此，咨询环节结束之后，我们会请客户签署咨询记录，一是对案件基本事实的确认，二是对提供服务时间的确认，三是体现专业服务体验的仪式感。

四、告知离婚风险

在帮助上千位客户后，我们律师团队总结出一份给客户的《温馨提示》，概括为20字箴言，即"珍惜感情、保护妇儿、冷静理智、和谐处置、不利风险"（后文有详细阐述）。

律师的专业服务可以帮助客户解决家庭纠纷、化解财产风险、保障品质生活、传承私人财富；同时，我们提醒客户在做出"离婚"决定时避免冲动行为，在离婚的任何阶段都要尊重感情、冷静理智、和谐处理，诉讼有风险，委托需谨慎。如果缺乏法定离婚理由，首次起诉通常判不离。婚姻家事纠纷取证难，婚姻过错对财产分割影响甚微，笔者建议，可以先通过付费咨询了解风险、借鉴经验，选择最优的解决方案。

一个理智的客户知道"报喜不报忧"的弊端，正如理解看病时医生望闻问切的苦心，一个成熟的律师也应当知道如何去把控客户的心理预期，防止给自己将来的工作埋下隐患。

第九讲　回访跟进

一、收取咨询费用

提供专业的法律服务，收取相应的劳动报酬，是知识价值化的应有之义。当然，律师在收取咨询费用时也应当把握矜持和主动之间的尺度。由于我国没有像西方国家那样形成计时收费、咨询付费的习惯，律师个人提供服务时经常面临讨价还价、提示付款、私自收费等局面，因此咨询费建议由律师助理或行政人员提示和收取，并立即开具咨询费发票。咨询费建议先行支付一个小时的费用，待咨询结束后再进行结算，如果客户与律师事务所签订代理服务合同，则咨询费可以抵扣代理费。

二、发送取证指引

打官司就是"打证据"，律师在当面咨询的过程中会帮助客户分析证据的全面性、讲解证据链思维、解释证据的采信规则等，同时也应当向客户传授和指引如何取得证据和固定证据。这也是当面咨询所涵盖的一项法律专业服务。由于信息量较大，客户不一定能记录完整取证的方式方法和范围，咨询结束后，律师可以结合客户个案咨询的情况向客户发送取证指引，这也可以作为后续跟进的话题。客户的证据情况与案件的发展走势有着密切的关系，在向客户发送取证指引之后，律师还应当继续予以跟进，了解客户在回去之后是否根据自己的提示采取下一步行动。

三、周周回访跟进

我们的法律服务一直秉承"周周回访"的习惯，法律咨询也不例外。在接待咨询时，我们就会设置一个团队任务，咨询结束后即设置为每周跟进提醒，对咨询后的效果和客户下一步的打算进行回访跟进。

通常在做完咨询当天，助理会跟进客户，获取其对咨询的反馈和对服务的评价。如果律师给客户的建议是第二日或本周完成某种事宜、跟进某种事项，我们也应当在那些时间点及时关心与问候客户。

当然，还有一种客户，他可能什么都不做。对于这种情况，我们通常在第一天、第三天、第七天进行跟进问候，后面每周跟进一次，连续跟进一个月，后续酌情展开跟进。通过"周周回访"，我们可以了解客户是否确实需要法律服务、是否有委托律师提供服务的意愿，回访跟进的目的在于进一步转化委托。

第四单元　婚姻家事咨询文书

咨询在客户看来就像聊天，如何实现咨询的交付，又如何让客户觉得咨询服务性价比高？我们给大家分享六个技巧，其实就是在咨询流程中如何用好六类家事咨询的文书，包括服务简介、婚姻综述、资料清单、温馨提示、咨询记录和取证指引。

第十讲　服务简介

每一家律师事务所和每一个律师都应该有一份服务简介，不论是律师事务所的简介还是律师的简介，都应当包括律师事务所介绍、律师介绍、典型案例、收费标准四个方面的内容。

一、律师事务所介绍

律师事务所介绍就是律师的单位简介。现在的法律服务是团队化服务、多元化服务，已经不是一个律师"单打独斗"的时代，法律服务的费用标准与律师事务所品牌、规模、业绩、资源以及承办律师团队、个人的资质、业务、服务、产品息息相关。我们应当给客户呈现出律师事务所的概况，展现律师的口碑。

比如，德恒律师事务所在全球有 49 家办公室、3 200 名员工，人才济济，其获得的荣誉数不胜数。我们要突出德恒是一家一体化的律师事务所，具有专业"1+N"和资源"N+1"的优势，为客户提供一站式法律服务。

二、律师介绍

律师介绍就是律师个人的简介，包括律师的专业、职称、学历、荣誉、擅长领域等。如果您的社会职务或者擅长领域比较多，建议您聚焦到"婚姻家事"领域挑选最重要的"三个标签"呈现，面面俱到不一定能突出您的专业优势。

以笔者为例，笔者执业年限较长、社会职务较多，在"婚姻家事"领域侧重的标签是"二级律师""婚姻家事专业律师""成都市律师协会婚姻家事法律专业委员会主任"。二级律师是副高职称，说明笔者在行业的资历；专业律师是律师专业化评定结果，截至 2023 年年底，四川有 30 000 余名律师，而婚姻家事专业律师不到 20 名；成都市律师协会婚姻家事法律专业委员会主任则说明，笔者对律师行业的了解以及在"婚姻家事"领域的法律服务专业发展程度。

三、典型案例

离婚、继承等诉讼业务是较为传统和基础的法律服务，律师事务所或律师可以将其承办过的案例进行梳理、分类，挑选具有典型性的案例进行呈现，既要让客户阅读时有"代入感"，觉得跟自己遇到的情况类似，又要对客户的隐私进行适当的处理。

有些年轻律师办理家事业务较少，若没有典型案例，则可以通过制作当地的大数据报告、归纳法院裁判规则等方式呈现典型案例。

四、收费标准

收费标准的环节可以将司法局、律师协会、律师事务所制定的收费标准进行摘录或公示，便于客户了解服务费的收费标准、计价方式。

包括收费标准在内的上述四个方面的内容并不是要单独制作，我们的做法是提前准备一份《应欣家事产品介绍》，其中包括律师事务所简介、律师简介、典型案例、收费标准四个方面的内容，让客户对律师事务所及承办律师、收费标准、主要法律文书等有一个初步了解，也让客户知晓当面咨询实行计时收费。

我们通常会在接听完电话后，通过微信将简介分享给客户。可以把它做成一个微信公众号的链接，也可以做成一个图片，以最快捷的方式分享给客户。一份服务简介的目的是体现律师的专业性。如笔者的简介，不论是同仁还是客户都对笔者的自我介绍印象深刻，笔者用图片"我是律师唐应欣"总结了自己的三个性格标签："功不唐捐""有求必应""欣欣向荣"；在诸多的社会职务中，笔者突出了"二级律师""婚姻家事专业律师""成都市律师协会婚姻家事法律专业委员会主任"三个标签。

一些财产标的比较大的家事纠纷基本上都会选择"北上广"的律师事务所，因为疑难复杂的离婚案除了涉及家事，还可能涉及公司股权、刑事犯罪、海外资产等，"物超所值"的体验感在于律师专业、律师事务所专业，一份服务双重收获。

写一份律师简介通常包括律师姓名、简历、荣誉称号、社会职务、发表过的论文和自我介绍。但这只是一份共用的模板，在针对不同客户的时候，我们应当充分预判客户心理，着重突出客户所需所想的内容。

第十一讲　婚姻综述

《婚姻综述》是我们咨询阶段的"法宝"。前文也已提及，对于客户而言，认真填写《婚姻综述》的过程亦是进行情感疗愈和自我治愈的过程。对于律师而言，阅读《婚姻综述》可以快速了解纠纷、聚焦需求点、了解当事人的性格特点，以便开展后续的咨询工作。

一、聚焦咨询重点

很多律师不愿开展婚姻案件业务的原因在于，这类客户通常有强烈的情感倾诉欲望，有时候律师在帮助客户解决一些婚姻家事问题时，可能大部分时间都用在了听客户吐槽、倾诉和抱怨婚姻问题上。即使律师可以给出专业意见或建议，处于负能量情绪漩涡中的当事人也无法保持冷静，更无法采纳理性的建议。这也导致很多律师接待婚姻家庭的咨询案件时会受到情绪影响，即使是笔者这种具备心理咨询能力和调节能力的律师，遇到个别案件也难免有所触动。

怎么样才能让客户尽量抛开情绪，抱着解决问题的心态围绕法律诉求来进行咨询呢？《婚姻综述》是我们让客户根据自身情况提前填写的一张情况清单，作为律师与客户第一次见面的"沟通提纲"，可以帮助律师和咨询者双方围绕离婚纠纷的争议焦点来展开探讨。

《婚姻综述》的设计主要包括离婚纠纷的四个方面，即婚前基础、婚后感情、离婚原因、有无和好的可能。我们从客户的视角出发，引导客户将前面四点抽象的焦点进行具体化，内容包括 10 个要点：①婚前基础；②婚姻现状；③感情变化原因；④是否有和好可能；⑤是否符合感情确已破裂的条件；⑥子女抚养问题是否已经达成共识；⑦财产分割是否存在难点；⑧能否通过非诉调解予以解决；⑨双方之间存在的主要分歧；⑩影响双方离婚的主要原因。

二、情感疗愈效果

这份《婚姻综述》也是我们首次面询时的一份咨询清单。结合经验我们发现，客户收到《婚姻综述》之后通常会出现以下两种情况：

第一种是客户会特别认真地填写清单。这类客户对自己很负责，对律师非常信任，甚至有位客户提交了 9 页"小四"号字体的《婚姻综述》，从头到尾详细描述了相识及恋爱过程、婚后生活、婚姻矛盾、第一次吵架的缘由和处理方式、客户对处理方式的反思、夫妻的性格特征、双方价值观的差异等。在书写的过程中，他对婚姻问题进行了归纳、总结、反思，包括自己期待的婚姻生活的模样，这是一份关于客户的婚姻生活"大事记"，也是一份"婚姻质量评估报告"。在书写的过程中，客户心中积累的怨气也随着梳理的过程释放了不少，并且其可以非常清晰地知道并坚定自己的选择。

第二种是客户会以各种理由拒绝填写。这类客户内心的防御机制非常强烈，不轻易将信息透露给他人，即便对方是专业律师。我们会在第一次发送《婚姻综述》时提醒客户填写，也会在见面前提醒客户发送给我们，同时提示客户携带资料来面询。部分客户会做出口头允诺，但其面询时仍然提交"白卷"。

婚姻咨询师在进行婚姻辅导时，都会建议夫妻双方花点时间去记录自己的婚恋过程和过程中发生的重大事件，并告知客户这其实是一种"情感疗愈"的手段，能够帮助其梳理事件，清理遗漏，更清晰地了解来龙去脉，稳定情绪甚至放下恩怨，从而更加珍惜感情。

三、方便团队协同

我们是为客户提供法律咨询，而不是婚姻诊断与辅导，需要更加精准地聚焦到解决法律问题的关键点上。《婚姻综述》能够帮助客户捋清脉络、倾诉苦闷、聚焦重点。当客户把婚姻家庭的问题梳理完毕再与律师进行沟通时，就能简化或省略大部分家庭琐事的描述，将重心放到法律问题的咨询与探讨上。

我们是团队工作，具有高效协作、群策群力的特点，但我们在做付费咨询时为了与客户建立信任感，通常只会带一个助理。后续参与工作的律师，即使没有参与现场接待，仍然可以根据客户填写的《婚姻综述》了解案情，给出专业意见。我们不需要每个律师都与客户进行一次沟通，我们只需要阅读《婚姻综述》和《咨询记录》就能较为充分地了解案情，提升办案效率。

第十二讲　资料清单

律师在做完一个电话咨询之后，会想到将刚才咨询的内容给客户做个总结或记录吗？我们在做完电话咨询后，即使只有几分钟的交流，也能初步了解客户的法律问题和服务需求。在接听完电话并添加微信后，有经验的律师会直接给客户留言总结电话沟通的重点或分享一份资料清单，请客户花点时间根据指引整理资料，并带上资料前来咨询，同时向客户说明，这样做将会带给他更有效的帮助。

一、共性模板

这个资料清单包括哪些内容呢？我们以离婚案件为例，离婚案件是"一揽子"处理方案，包括离婚、子女抚养、财产分割及债务分担三方面内容。我们团队做了一个《资料清单》的模板，一些是共性化的内容，如身份信息（男女双方的身份证、户口本、结婚证以及他们子女的出生证明），以及常见的离婚房产分割涉及的购房合同、贷款合同、付款凭证、房产证等。另一些是个性化的内容，在完成电话咨询或加完微信后，我们会立即进行信息整理，结合客户的情况，调整资料清单。比如，涉及父母出资买房的，我们就会调整为"除了借款合同、贷款合同之外我们更关心资金来源，有无父母转款凭证，缴纳税费、物业费等出资情况，以及购房目的，实际居住等情况"。

示范：离婚案件面询资料清单

□身份证

□户口本

□结婚证

□孩子出生证

□婚前/婚内/离婚协议

□购房合同/房贷合同/装修合同/房产证/土地证/付款凭证

□购车合同/车贷合同/车本/付款凭证

□银行卡/理财产品/股票/保险等信息

□婚内债权债务合同/款项凭证

□其他，如学历/收入/单位/陪伴/绝育/病历等

二、个性内容

首先，我们考虑的第一个点是"离婚"。在离婚纠纷中，最重要的不是分割财产而是"离婚"！咱们得先解决协议离婚或判决离婚的问题，后续才能解决子女抚养、财产分割、债务分担的问题。如果客户离婚主张不成立的话，其他的财产争议或者子女抚养则不会在离婚案件中得到解决，因此证明"感情破裂"的证据非常重要。如果客户在咨询的时候提到遭遇家庭暴力、第三者插足等导致夫妻感情破裂的因素，我们会在资料清单里进行重点提示。

其次，不同的财产类型关系到不同的证据情况。在离婚案件中比较复杂的争议是各类财产的性质和分割，若涉及父母出资买房、婚前婚后财产转化、房产或股权增值等问题，就更为复杂。在电话咨询阶段，我们会向客户了解主要财产有哪些，客户的分割意见是什么。如果涉及房屋，我们会进一步关心房款是一次性支付还是按揭支付，首付款是否涉及婚前财产支付、父母款项支付等。另外，还需要了解客户的财产中有无银行存款、理财产品、股权、车辆等，接着引导客户梳理夫妻共同财产是什么，是否有夫妻共同债务。除此之外，我们会特别询问，是否有股权，且股权的投资情况以及经营现状是什么，同时引导客户更多地回想其他与离婚案件相关的线索。

最后结合客户的大致情况，我们会总结一个咨询清单，有目的地引导客户到律师事务所来进行更全面、有效的咨询。

三、定制体验

我们给客户的资料清单大部分都是"定制"版的。以离婚咨询为例，在咨询的过程中，律师通过发问的方式引导客户进行回应，并根据经验快速聚焦应当审查的重要证据。

这个资料清单有两个好处：咨询总结和证据指引。

首先，我们在便捷咨询之后，会帮客户做一个书面总结。对客户来讲，律师解答的内容极具专业性，内含诸多法律术语，客户通常不能完整地记住律师给予的解答与建议。因此，律师在电话咨询之后会花费时间帮助客户整理清单作为咨询总结，其目的一是帮助客户理解，二是提升客户体验感。

其次，我们为引导面询或转化业务，给客户做了一个证据指引。清单给客户呈现的是专业度与信任感，提升服务价值，既可以引导客户有效搜集整理证据，带着证据来跟律师进行有效沟通，避免客户漫无目的地倾诉他们遇到的情感问题，又可以在一定程度上减轻律师接案之后的工作量。

一份要交给客户的资料清单应当包括客户身份证复印件及其配偶的身份证复印件，结婚证复印件，证明双方感情已经破裂的主要证据，户口簿及需要抚养的家庭成员状况、子女安排、年满10周岁的子女对待离婚的意见，家庭主要财产及分割意见，是否存在股权投资及标的公司的经营状况、股权预估价值，共同债务，是否有转移夫妻共同财产，是否涉及向婚外情对象转移资产等。另外，还有诸如婚内财产协议、购房协议、付款凭证、银行流水、报警记录、微信和QQ聊天记录等，都可以列入清单内。

第十三讲　温馨提示

这份温馨提示，是我们德恒律师事务所一位执业30年的律师总结的，笔者提炼为20字箴言。不论原告或被告，只要涉及离婚的，我们都会发一份给他。其内容包括5个要点：珍惜感情、保护妇儿、冷静理智、和谐处置、不利风险。

在当面咨询时，承办律师在听取了客户的讲述或查看了客户提供的资料之后,不论客户是要求离婚还是提出财产分割等具体诉求,律师均应向客户友好提示以下内容:珍惜感情、保护妇儿、冷静理智、和谐处置、不利风险,并专门制作一份《温馨提示》让客户签收。

温馨提示的主要目的是让客户知晓离婚是有风险的,离婚会对子女造成一定的伤害,需要认真评估;同时,诉讼也是有风险的,避免让客户误认为,找到律师就能让自己的一切要求得到满足。

一、珍惜感情

我们通常会告诉客户"珍惜感情,且行且珍惜,切莫冲动离婚!"当前,社会离婚率走高,但大多数人草率离婚后却追悔莫及,《中华人民共和国民法典》因此规定了"离婚冷静期",以立法方式提醒夫妻应当审慎考虑这段婚姻,珍惜这段感情。

另外,在处理婚姻家庭纠纷时,若能让客户考虑到夫妻感情来之不易,双方经历种种方能步入婚姻殿堂,互相体谅与理解,顾念感情基础,则调解有望、纠纷较易解决。

二、保护妇儿

在婚姻家事领域做财产分割,一般先由双方协商,协商不了的,法院则从有利于妇女儿童的角度进行倾斜性裁判。律师则会提前告知客户,原则上平均分配,实际上根据保护弱势群体的法定规则,在双方条件、能力相差不多的情况下,法院会将房产判决给女方。明确告知后,客户可以提前对裁判结果有一定的了解,就会对协商谈判更为重视,有助于双方纠纷调解和利益平衡。

三、冷静理智

在婚姻家事案件中,最重要的一点是冷静处理。大多数案例表明,当婚姻因为第三者插足而导致感情破裂时,作为受害者的一方很难平复情绪,甚至会针对第三者进行指责与打击报复,几乎很少对婚姻本身和双方的矛盾进行反思。而失控情绪主导下的失控行为和不理智决策,则会影响到离婚纠纷中的每一步,甚至离婚决定本身即是一项非常冲动的决定。律师希望客户能够稳定情绪,相对冷静地处理问题,这对后续顺利解决纠纷有很重要的作用。

四、和谐处置

律师在电话咨询时，客户提出的高频问题之一是"怎么离婚"。我们会告诉客户，离婚有两种途径：在双方协商一致的情况下，直接去民政局办埋离婚，高效便捷；若协商不了，则去人民法院起诉离婚。

实际上在和谐处置环节，我们归纳了上、中、下三种策略。其中，上策是协议离婚，只需要双方协商一致去民政局进行离婚即可；中策为确实协商不了，则去人民法院起诉，起诉以后借助法院的沟通机制与平台，通过调解的方式离婚；下策则是财产争议或者子女抚养权争议较为复杂时，双方无法和谐沟通与解决问题，则聘请专业人士提供服务，由人民法院依法判决。

五、不利风险

诉讼有风险，委托需谨慎。如果缺乏法定离婚理由，首次起诉通常判不离。家事纠纷取证难，婚姻过错对财产分割影响甚微，笔者建议，可以先通过付费咨询了解风险、借鉴经验，选择最优解决方案。

比如，离婚是不能"全权代理"的。客户通常抱有一种"聘请律师后就全权交付，不用再亲自出马"的心态，商事领域也许确乎如此，但在具有人身专属性的婚姻家事领域并非如此。当作为原告起诉要求离婚时，当事人必须到庭诉讼，否则将承担不利后果；而律师的授权委托，在商事领域可以特别授权以全权处理，但婚姻家事领域事关人身，具有排他专属性，只能由权利人本人行使自己的特殊权利，即便是律师也无法代劳。

又如，诉讼本身是具有风险的。律师会综合考虑当事人的各个方面，权衡利弊，以提出最适宜的解决方案争取最优利益；但律师不是万能的，只要进入诉讼程序，则必须承担诉讼带来的不利风险。

温馨提示可以带给客户感情上的陪伴和情感上的支持。一般法院的婚姻家事庭的装修风格都会特别温馨，既有法律上的专业度，也带给客户关乎人情味的温暖体验，这也是我们婚姻家事律师的特色。温馨提示中也有给予客户的风险提示。离婚有多种方式，但我们希望大家可以用相对比较和谐、平静的方式来处理，而不是委托律师后就不再过问。

有位客户与配偶的婚姻存续 20 年，客户作为原告提起诉讼，第一轮咨询的所有律师几乎都会告知他，长达 20 年的婚姻很难判离。第一，起诉到人民法院，只要无法定离婚理由，如分居满两年、家庭暴力，法院大概率判不离。同时，若配偶身患疾病的话，可能面临一而再再而三都无法成功离婚的情况。面对委托我们进行起诉的这位客户，我们将这份婚姻温馨提示分享给他的时候，为他耐心且详细地进行了逐项讲解，告知其存在的风险。

之后客户回去整理他的婚姻综述文本，总结了 26 条离婚的理由。笔者印象比较深刻的是，这位客户在面询时告诉我们，其配偶经常对他进行精神摧残式的吵架，能够从当天晚上 11 点持续到凌晨 5 点；当配偶想触摸他的时候，客户会产生不适的心理和生理反应，严重影响到其身心健康状态。笔者作为律师，也能够体会到客户的煎熬心情。

当我们的《婚姻综述》《温馨提示》已经呈现了如此多的内容请客户珍惜这段婚姻与感情时，如果客户仍然坚定地选择离婚，那么律师可以进行客观综合的评估，从而确认这段婚姻质量不高，该决定亦非一时冲动引起的。

第十四讲　咨询记录

前文介绍过咨询确认的环节，接下来分享咨询记录表格。我们会在咨询过程中进行同步的记录和总结，在咨询结束时，已经能够组成大致的框架，总结大概的要点，这就是咨询记录。我们设计过很多种咨询记录表，也迭代更新过很多种版本，但实际上有些律师认为，仅通过一个小时的咨询，后续花费时间做出一份精准的总结比较困难，并且如果面询解答表现得并不专业精确的话，草率反馈也许不仅不能提升服务质量，反而会让客户觉得律师水平有待提高。

那我们应该如何做咨询记录呢？

一、表格设计

我们应该先制作一份标准式的《咨询记录表（律师版）》表格，包括五个部分：客户信息、咨询目的、咨询解答、律师建议、收费确认。这是一份简化版的咨询记录，是可以交付给客户的记录。还记得客户来面询时会自行填写一份《咨询记录表（客户版）》吗？客户自行填写的咨询记录表可以作为我们咨询沟通的提纲和工作底稿，与这份简化版的咨询记录配套使用。

客户信息涉及个人隐私，是否完整填写，要充分尊重客户意愿。表格设计时最低要求是咨询者的信息，较高标准应当包括夫妻双方和子女的信息。

咨询目的是帮助客户梳理法律服务需求。就付费咨询而言，客户通常是有备而来，高频的咨询目的就包括了解法律规定、分析财产性质、撰写法律文书、获得解决方案。

咨询解答部分是概括客户的问题和记录律师解答要点，对于离婚、个人财产、夫妻共同财产、抚养权等高频法条可以直接填写到咨询记录之中。该部分的咨询解答建议记录要点，不用详细记录。律师另有工作底稿可以同步记录或在客户自行填写的咨询记录上修改完善。

律师建议部分是概括性地对客户下一步事项进行指引，如自行协商、请亲友协调、补充证据材料、接受委托、其他。如果律师有明确的法律建议，可以详细记录。

收费确认的板块设计为收费说明、声明、咨询人填写、律师确认。

二、案情介绍

《咨询记录表（律师版）》案情介绍需要根据客户咨询情况、陈述内容进行归纳总结，记录律师的回应或解答要点和法律依据。

《咨询记录表（客户版）》作为沟通提纲，可以详细地了解客户的案情。

第一部分是"自述婚姻的基本情况"，即与当事人自己填写《婚姻综述》类似，包含了婚前基础、婚后感情、离婚原因等内容。这是对应《中华人民共和国民法典》中关于"夫妻感情是否破裂"的判断标准。

我们会遇到两类当事人：一类是"只字不提"，以没时间、不方便、个人隐私、经历简单等诸多理由，律师在接待咨询时看不见或听不见其对感情的任何描述；另一类是"如实告知"，以时间顺序记录感情过程、以归纳总结抓主要矛盾、以反思复盘指引未来，当事人整理感情经历的过程也是疗愈的过程，可以看见婚姻中的问题，从而分析问题、解决问题。当事人认真填写咨询记录，可以节约咨询时间和咨询费用，聚焦婚姻矛盾，更重要的是可以帮助自己想明白"要什么""离不离"。

第二部分是"如实告知财产方面情况，便于律师建议调解方案和拟定调解协议考虑相关内容"。

夫妻共同财产通常包括房产、存款、股票、股权、高消费家具电器、贵重金属、贵重物品、车辆、其他财产等。离婚最大的障碍通常是"房产分割",包括父母出资性质、房屋产权性质、房屋增值补偿等因素均需要考虑;对于按揭房屋,则要考虑合同签订时间、产权登记时间、首付款时间、首付款金额、房款的来源和方式、共同还贷的金额和占比等。这些关键信息,能有效解答当事人的问题和提供切实可行的解决方案。

第三部分是聚焦当事人在"离婚财产分割、子女抚养、调解方案"方面的具体意见。律师通过对意见的分析能够判断客户的真实需求,以便为其更好地提供有针对性的专业化服务。

三、服务确认

律师传统的咨询服务往往难以界定"交付"。当律师的付费咨询服务结束后,以咨询记录表的方式书面呈现给客户,既可以让其感受到律师服务的专业性,又便于客户理解。

《咨询记录表(律师版)》收费说明栏目我们强调了三点内容:第一,根据《四川省发展和改革委员会 四川省司法厅关于规范律师法律服务收费管理有关问题的通知》及附件《四川省律师服务收费政府指导价标准》之规定,律师提供有偿法律服务,实行计时或计件收费。第二,本律师事务所 60 分钟内的付费咨询收费标准为:律师 1 000 元,合伙人 2 000 元,高级合伙人 3 000 元。不足 30 分钟按 30 分钟计算。第三,就同一事项再次咨询可凭咨询号获得电话或邮件免费答复。

声明栏目内容为:北京德恒(成都)律师事务所对本咨询表所有信息保密,当事人承诺所填信息真实无误并签字确认。

咨询人填写栏目有咨询开始的时间和签字栏,最重要的是客户签字确认前面的信息和付费的金额。

律师填写栏目有咨询结束时间、律师费、签字栏,重点是计时费用的结算和服务人员的签字确认。

四、下步指引

下步指引就是律师建议栏目,可以理解为下一步工作方案。律师提供咨询服务只是法律服务的开始，并非服务的结束。咨询之后，客户通常会选择自行协商、亲友调解、委托律师等方式，我们从客户的角度问询和指引。由于律师行业对于法律服务的方式没有统一的概括，大致包括委托代理、诉讼仲裁、调解谈判、法律顾问、咨询代书等。我们从婚姻家事法律服务的经验总结，可以分为咨询、代理、专项服务，离婚指导、离婚调解、咨询代书等后续服务都可以以"非诉讼"专项法律顾问服务的方式进行。

下一步指引除了提示可以委托律师提供服务的方式，还可以提示客户下一步需要补充哪些证据材料。当咨询结束时，律师应请客户签字确认咨询记录，并分享给他，可以帮助客户理解下一步工作内容；如果接受了客户的正式委托，该记录表上的情况亦将成为后续工作的依据。

通过这样一个确认需求、确认案情、确认服务的咨询记录，让客户体验到我们提供的是公平的、等价有偿的专业法律服务。

第十五讲　取证指引

客户第一次咨询时，相关证据可能不符合确实充分的条件，需要客户补充取证。由于感情破裂、家庭暴力、性冷淡、婚外情、分居、财产分割等事实证据涉及的专业性很强，需要律师给予指引。承办律师在听取客户陈述案情之后，应专门制作一份证据补充的建议书发送给客户，便于客户自行搜集证据。

我们对婚外情、家庭暴力有些成熟的取证指引，也会结合个案，给客户做一些特别提示。

一、共性模板

（一）离婚版

在《中华人民共和国民法典》颁布之前，律师研讨或日常交流时常对离婚损害赔偿条款有所疑问，该条款是否为一项"僵尸条款"？是否应该予以保留？而最近针对离婚损害赔偿的课题，我们做了一项全国范围内的判例检索，研究结果表明，法院依据离婚损害赔偿而判决的案件比例非常低。

我们在日常接待过程中会发现有很多涉及离婚损害赔偿的案例，但全国范围内的判例检索中的有效案例却不到100个，令人吃惊。结合实务经验，再据此结果分析，我们得出一个结论：离婚损害赔偿之所以案例少，是因为取证难、举证难，从而导致法院认定难、判决难。

于是，我们针对婚姻家事中常见的证据做归纳与总结。如标准化取证指引，若涉及家庭暴力，当事人主张离婚，律师则会引导客户在现行法律和司法解释等范围内进行规范取证。如证明"感情破裂"的证据有"分居满两年"等，那么应该如何认定夫妻双方实质性分居呢？若夫妻双方仍居住在同一房屋内，能否认定分居事实；或因工作原因，长期两地分居，是否为法律意义上的分居？此外，家庭暴力、财产分割、重婚同居等又该如何合法合理地固定和保存证据？等等。

我们对上述内容进行文案整理，制作取证指引清单，以提示客户如何取证并逐步补证。取证指引有以下好处：

首先，取证是专业性较强的工作，客户在短短一小时内很难吸收和理解，一些对自己非常负责的客户在咨询时甚至会做笔记，以记录其认为重要和关键的信息。但有些客户因各种原因确实无法完全记住，而取证指引的作用则让客户有更多时间理解和消化，接受专业性的指引去自行收集证据。

其次，由于证据的隐蔽性，家事案件的诸多事实发生在当事人之间，也只有当事人能够相互沟通，有接触到最关键、最隐秘的证据的机会，因此律师可以引导客户自行搜集。若该案件取证涉及第三者，律师取证则可能侵犯第三者的隐私权等权利，可能不合法合规；但律师可以提示客户，留心生活细节，如恰好撞见配偶与第三者的情况，立马拍照进行证据固定，则是合法合规的。

（二）家暴版

作为律师，我们在这里温馨提示：遇到家庭暴力，首先要保护好自己，其次不要激怒对方，证据固定是第一要务！关于家庭暴力，你要知道以下三个真相：

第一个，暴力会反复升级！反复家暴是心理问题，施暴者也很痛苦，不要相信对方会改好，暴力只会升级！

第二个，家庭暴力离婚难！家暴虽然是法定离婚理由，但"举证难"是众所周知的事实，请参阅律师事务所给出的《家庭暴力取证方法及应对措施告知书》。

第三个，不要对损害赔偿金寄予厚望！家暴证据固定的目的是帮助客户顺利离婚，不要对诉讼中的夫妻财产分割和精神损害抚慰金寄予厚望，完全不如律师指导离婚或调解谈判。

遭遇家庭暴力后，一定要想办法保留伤情照片、诊疗记录、报警记录、警察笔录、伤情鉴定报告、保证书、证人证言、录音录像以及相关机构证明等。除了上述应当尽量保证的证据，还应当采取措施保护自己和其他家人。适时分居；向相关机构求助寻找紧急避难场所；请求法院撤销施暴者对未成年人的监护资格；必要时申请对施暴方介入心理治疗；向法院申请人身保护令；通过起诉离婚、起诉侵权等方式追究施暴方的法律责任；必要时向公安机关报案追究施暴方的刑事责任……这些都是遭遇家暴时可以采取的措施。

（三）出轨版

"老公出轨了怎么办？"这是一个高频咨询问题。不论是电话咨询律师还是网络咨询，大家都能经常看到这样的问题。面对高频咨询，律师应该如何回答？这时候我们的婚外情取证指引就派上用场了。

我会先告诉客户，一定注意以下三点：第一，在任何情况下都要第一时间咨询专业律师。律师经验丰富，可以指引客户进行法律上的处理，未咨询前不要轻举妄动。第二，稳定情绪。婚外情对当事人感情的冲击尤其剧烈，绝大部分人都很难保持冷静，情绪波动起伏大。而在情绪不稳定的情况下做决定，当事人事后很可能会后悔，许多恶性事件的发生就在一念之间，造成的损失却是不可逆转的。第三，最正确的做法是保全资产，太多人财两空的事实均发生在这样的婚外情案例中。老公出轨怎么办？出轨不一定要离婚，离婚是最下策，出轨的事实能够帮助当事人反思婚姻与生活品质，但对于这个问题不能花太多时间与精力。遇到老公出轨的情况，我们会建议女性客户，即便不离婚，也要通过保证书或婚姻协议固定财产。

第一次发现配偶有出轨情况时应尽量保留证据，把相关物品留下来或者拍照存下来。一般客户面询之后，笔者会建议她先回家看看，翻翻相关的东西，如家里的电脑、硬盘、抽屉等，看看电脑上的聊天记录、照片、文件等。不要惊动对方。因为大多数女性客户并不知道其配偶的身份证、工资卡卡号、银行卡及开户银行，亦没有各种能证明身份和财产的复印件。因此，很多情况下感情出问题是平时缺乏沟通造成的。在此之后，看看配偶的微博等社交平台，相关资料注意截屏。

律师会引导客户做如下事情：

第一，拍照。不管是不是证据、证据有无用处，客户应当先回去搜集资料并将资料整理一遍，把所有资料包括各类证件照、身份证、房产证、合同、银行卡或者电脑手机里面的资料等全部进行拍照与备份，再进一步咨询律师。

第二，录音。当客户准备与配偶沟通、谈判的时候，尽可能地进行录音。事实上，很少有律师会将此录音当作证据，但该录音能帮助律师了解夫妻双方的婚姻状况。因为在首次沟通好坦白时，过错方通常会内疚，可能将各种情况坦诚告知。沟通信息因此非常丰富而真实，对未来的维权工作有很大帮助。

第三，保证书。当客户没有下定决心离婚的时候，最好提前做好证据固定，对后续决策甚至真的面临离婚的结果，也有证据帮助作用。

除此以外，还可以查查亲密出行的记录，包括机票、行车记录仪等；有证人愿意作证的，可以写证人证言。即使不方便出庭作证的，证人一般也不会拒绝在电话微信里和你聊天承认他看到过的事实。这种电话录音或微信记录也可以用。至少比没有证据好，也能避免证人出庭的尴尬。记住，视听资料证据要保留在原载体里不要动，这相当于证据原件，是非常重要的。

综上所述，遇到出轨、婚外情的情况，一定要保持冷静、保留资产、收集证据，诸如保证书、视频、音频、照片、开房记录、证人证言、微信记录、各种聊天记录、邮件，甚至包括非婚生子女的出生记录、户籍记录、通话记录、微博等资料。笔者有一个非常特别的案例，一位客户的配偶与第三者约会，还在自己博客上以日记形式记录恋爱全程，把婚姻关系存续期间的整个出轨过程和日常细节都非常完美地呈现在网络上，包含出行记录、各种机票、出入境记录、银行转账、微信红包、支付宝经济往来等。这些只要跟婚外情可能有关的证据，客户都可以先留下存证，至于律师如何使用会根据个案来决定。

二、个性指引

除去具有共性的取证指引模板，我们在司法实践过程中也会遇到很多特殊的情况。这些情况就需要律师根据自身的经验水平，结合具体的案件情况做出具有针对性的取证指引，让客户拥有清晰、特别的提示。

第二部分
诉讼篇

第五单元　婚姻家事案件的诉讼代理

　　婚姻家事律师必修诉讼篇分为三个单元：婚姻家事诉讼代理、婚姻家事诉讼代理要领、婚姻家事诉讼文书。

　　婚姻家事诉讼代理主要介绍婚姻家事案件特点、律师代理常见方式、代理诉讼收费标准。婚姻家事诉讼要领包括诉讼服务方案设计、婚姻家事案件调查取证、婚姻家事案件调解运用、重视代理成果兑现。婚姻家事诉讼文书主要介绍民事代理合同、离婚协议、补充协议、财产约定、分居协议。

第十六讲　婚姻家事案件特点

　　"家庭和谐""化解矛盾"是家事审判的价值取向，婚姻家事案件不同于其他民商事案件，主要有三个特点：一是高度重视家事案件的调解；二是妇女儿童权益保护的侧重；三是难以形成标准化裁判规则。

一、高度重视家事案件的调解

　　婚姻家事案件相较于其他案件具有专属特点，律师进行代理诉讼时应当围绕该类案件特点，以自己的专业能力匹配满足案件所需要求，制订针对性解决方案。在婚姻家事服务当中，律师要高度重视婚姻家事案件的调解，并且调解结案占据十分重要的地位。律师需要竭尽全力做好调解工作的原因有以下三个：

　　（一）子女是受害者，父母有法定义务

　　离婚案件中没有赢家，子女都是受害者。"有利于未成年人健康成长"不仅是判断抚养权归属的标准，也是涉及未成年家事案件审判的价值取向。为人父母的首要职责是保护子女健康成长，父母有法定义务减轻离婚对子女造成的身心损害。父母在追求婚姻自由的同时，要关注离婚本身对孩子的创伤。父母即使离婚了，仍应该给孩子营造一个"爸爸和妈妈都很爱你"的环境，一个和谐的氛围。

离婚案件重视调解。调解可以帮助化解夫妻之间的矛盾，解决家庭内部冲突，把家庭破裂对孩子的伤害降至最低，尽可能地给孩子营造温暖的氛围。尽管离婚的事实无法挽回，但父母对子女的爱和保护不会因此消失。作为律师，要提醒有子女的当事人，在追求婚姻自由的同时关注子女的身心健康问题，避免或减少离婚对孩子造成的伤害。

（二）受情绪影响大，悲剧一念之间

婚姻家事案件当事人受情绪影响较大。在日积月累和无法化解的矛盾中，当事人往往堆积大量的负面情绪，新闻报道中频繁出现律师代理、法官审判受到伤害的极端恶性事件。但婚姻家事案件中具备感情因素的好处在于，即便双方当事人走到离婚的地步，在若干年前走入婚姻殿堂时都有一定的感情基础；而选择离婚，是当事人经过诸多思考和百般挣扎之后做出的决定，因此在这个感情基础上有着沟通与谈判的空间，有助于化解纠纷、调解结案。

（三）离婚必经程序，调解贯穿始终

调解是法院办理离婚案件贯穿始终的工作方式。在"繁简分流""家事审判改革"等大背景下，多元调解机制贯穿人民法院、中华全国妇女联合会、街道办事处、律师事务所等各个单位。人民法院在立案后会进行先行调解或诉前调解，用外聘有经验的人民调解员或者委托专业调解机构、人员等方式来针对离婚案件进行调解；若先行调解未能解决问题，则转入正式诉讼程序。《中华人民共和国民事诉讼法》规定，离婚调解是必经程序，法官会在开庭前后组织多次调解；即便一审庭审结束，法院判决不离婚，但凡有调解的空间，律师也会继续针对当事人的需求进行调解。每一对离婚的夫妻会经历若干次正式或非正式的调解。

二、妇女儿童权益保护的侧重

（一）《中华人民共和国民法典》的扩展

婚姻家事案件特点还体现在法律与实务中对妇女儿童权益的侧重保护。比如，从离婚财产分割角度来看，法律倡导的是依法分割。夫妻双方离婚，应当先行协商达成分割方案；协商不成，人民法院根据原《中华人民共和国婚姻法》第三十九条"照顾子女和女方权益的原则"或《中华人民共和国民法典》第一千零八十七条"按照照顾子女、女方和无过错方权益的原则"迳行判决。我们通过案例检索发现，很多判决里面法官就一句话，他不会披露自己的心证过程，但他会直接给出结论："根据《中华人民共和国婚姻法》第三十九条照顾子女和女方权益的规定，判决如下……"婚姻家事法官贯彻"照顾子女和女方权益的原则"具有非常大的裁量权，很少会直接引用原《中华人民共和国婚姻法》第三十九条的条款，甚至不需要在判决书中论述心证过程，直接在不违反公序良俗原则的情况下做出判决。

（二）实证研究统计

笔者通过"保护妇女""保护妇女权益""照顾女方"等关键词进行检索，分析近200份判决书后发现，"保护妇女权益"理念并不直接写入判决书，通常以"从照顾女方的角度出发"在抚养权和财产权方面对妇女加以照顾，一般表现如下：

第一，抚养权方面。男女双方生活条件无明显差异，法院倾向于将抚养权判归女方。在个别案例中，因男女双方经济状况悬殊，考虑到有利于孩子的健康成长等因素，法院将抚养权判归男方，但在判决中酌情免去女方的经济义务。

第二，财产权方面。在双方证据都不充分、男方证据不足或不充分、男方有过错三种情况下照顾女方，对女方多分财产，或者选择照顾女方的析产方案；女方证据明显不足导致其无法分得财产的情况下，判决分割财产时依然会分给女方少许财产。

（1）动产。在生产生活资料的分割上，主要有全部财产判归女方所有、将财产价值相对较高的动产判归女方、作价分割时女方取得较高财产份额三种情况。存款、现金、保险一般由女方多分得财产。在彩礼方面，若无明显证据可证明解除婚约的主要责任在女方，判决女方酌情减少返还金额。

（2）不动产。在房产析产方面，男女双方无法充分证明讼争房产归各自单独所有的情况下，法官倾向于将产权判归女方，折价补偿男方的方案。对于双方都主张的农村宅基地自建房屋等复合式结构房产，由双方共同取得房产的不同部分（多层楼、地窖、院子等），法院从房屋的面积、位置上将房屋判归女方。

（3）财产权益。股权或合伙份额等投资性财产权益一般由女方分得较多份额。

（4）消极财产。关于夫妻共同债务，双方当事人按比例分担，由男方负担较大比例。

在这些典型案例中，女方有的是在事实上处于相对弱势地位，或者在婚姻家事法官眼中，女性在生理心理或经济上一般性地处于弱势地位。而民法上的弱者保护旨在弥补民法基于抽象人格以行为立法的不足，是国家干预渗入私法领域，以及民法适应多样化生活需要、追求实质公平的结果。

（三）婚姻家事法官理念

作为婚姻家事案件律师，在与婚姻家事法官进行交流的过程中，能体会到婚姻家事法官非常关注保护妇女儿童的权益这一方面，而这一理念不仅深入人心，也在实践中真正做到贯穿始终。笔者不禁感叹，代理的部分婚姻家事案件并非输在法律上，而是输在角色上。

曾经代理过一个案件，一审对方当事人败诉，对方上诉后，二审法官在考量事实不清的案件时，会受到保护妇女儿童或无过错方的观念影响，在裁量判决的过程及结果上都能体现出一定程度的倾斜。

三、难以形成标准化裁判规则

婚姻家事案件是关系人身、具有专属性的案件，难以形成标准化的裁判规则。2020 年，我们对近三年上千例的婚姻家事案件进行检索与整理，希望能总结出如遗嘱继承、婚姻家庭类相关的裁判规则。但经过综合分析发现，裁判结果受以下两个因素影响：

（一）司法解释的变化

原《中华人民共和国婚姻法（2001 修正）》先后出台《最高人民法院关于适用〈中华人民共和国婚姻法〉若干问题的解释（一）》《最高人民法院关于适用〈中华人民共和国婚姻法〉若干问题的解释（二）》《最高人民法院关于适用〈中华人民共和国婚姻法〉若干问题的解释（三）》，针对父母出资买房的情况进行规定。原《中华人民共和国婚姻法》的司法解释（二）和司法解释（三）不断补充与修改，但对父母出资买房的情况又并未完全涵盖，随着《最高人民法院关于适用〈中华人民共和国民法典〉婚姻家庭编的解释（一）》的出台，对父母出资买房的问题出现了明确界定。但有时在实务中基层法官对同一条款的理解做出截然相反的判决。因此，在实践运用中我们要更加注重具体个案的案件事实，因案制宜。

（二）个案情节的影响

每一个案件都是当事人所经历的具有独特人身属性和特点的事情。尽管可能与其他案件有相似之处，但不可能完全照搬经验与判决，特别的事实与情节可能在一定程度上决定案件的走向。

婚姻家事案件通常发生在近亲属之间，某些案件事实"公说公有理、婆说婆有理"，各自的说法缺少"证据"，法官只能通过"察言观色"去辨别真伪，通过侧重保护妇女儿童和婚姻无过错方的价值判断去裁判。甚至，优秀的婚姻家事律师还会对当事人进行"辅导"，如何"好好说话"。婚姻家事案件的情节受到证据局限、情绪波动、认知水平、个人好恶、文化意识等因素影响，影响法官自由裁量权的"个案情节"隐藏于内心，而在判决书上则一笔带过。

第十七讲　律师代理常见方式

关于婚姻家事案件的代理方式，经过数十年的实践总结和全国专业律师的交流，我们倡导按件收费、分级代理、重视调解。

一、按件收费

法律服务常规的收费模式包括计时（量）收费、按件收费、按标的收费三种，常年法律顾问服务通常采用计时服务或工作量包干的方式，刑事辩护服务或行政诉讼案件代理采用计件收费，疑难复杂的民商事案件代理或仲裁案件采用按标的收费。随着客户需求多元化的满足，实践中的三种收费模式衍生出无数种变化。

婚姻家事法律服务中受三种观念的影响，一般以按件收费作为基本原则。

第一种"计时收费太贵"的观念。计时收费在英、美国家有一套完善的流程，而在我国律师制度相对灵活的管理模式下，律师事务所难以形成一套公允的计时工作模式，实际上大部分律师不能判定自己办理一个案件的工作量。案件进入代理诉讼之后，案件情况复杂多变、诉讼周期长，以小时收费对客户来说是不小的负担。

第二种"第一次起诉判不离"的观念。在司法实务中，第一次起诉离婚通常判决"不离婚"，对于预判"不离婚"的案件法官也不愿意审理财产争议，律师在代理案件中感觉"无所作为"，因此常常是"走流程"的心态。

第三种"财产本来就是我该得的"的观念。客户秉承"夫妻共同财产本来就是我的"的观念，依法判决其也有一半，为什么要按财产标的收费？我们每次按标的报价，客户都有这种疑惑。随着房产价值的上涨，家庭财产的标的也较大，以传统的夫妻共同财产总额按 3%～5% 标的收费，客户越来越难以接受。

因此，长期实践表明，婚姻家事案件以按件收费为原则，包含了律师的基本工作量，具体收费的高低与承办律师的经验和能力相当。以笔者团队为例，在签订合同时客户支付一笔基础代理费，后续其他款项约定一个支付时间，可以是立案后、开庭前、判决日等。有些疑难复杂的案件，我们会约定完成工作目标后"另行支付律师代理费"，这个部分在"代理费收费标准"部分再展开讲解。

二、分级代理

我国法院实行两审终审制度，审判监督程序启动会出现再审、发回重审的情况；一旦出现不履行生效判决的情况，还会启动执行程序。一些疑难复杂的案件可能出现多次审判的情况。笔者曾代理一个遗嘱继承纠纷，第一次起诉后法院做出裁定"不予受理"，我们针对裁定提起上诉，二审裁定属于立案范围应予受理。原审法院重新立案，经历一审、二审、再审和执行，一个案件我们经历了六次民事诉讼法规定的"程序"。因此，关于婚姻家事法律服务，我们倡导分级代理。

分级代理是指每个案件单独签订《委托代理合同》，每个审级单独收费，当然我们可以在第二次代理时优惠收费。有的律师采用"打包"代理的方式，其弊端在于：一是工作量无法预估；二是客户心态发生变化。

第一，工作量无法预估。婚姻家事案件涉及"情绪"，我们可以做自己客户的思想工作，但我们无法控制对方当事人的"想法"，有些家庭纠纷的症结会让客户将程序进行到底。像前面提到的六次诉讼的继承案，一审、二审和再审的判决结果一致，但每一次诉讼律师都要付出同等的工作量，客户看到的只是最后一个结果。如果"打包"收费又没有案件提成，这对提供服务的律师并不公平。

第二，客户心态发生变化。一些律师事务所在代理层面会进行风险代理，确保达到离婚的目的，即便这次判不离，第二次律师就进行免费代理，或者对一审、二审甚至执行一并打包代理。如果只代理一审案件，在评估是否上诉时，客户会对一审结果是否能接受及二审代理费等各种成本进行综合考量，以决定后续的案件走向；如果打包代理，客户认为二审有律师"免费"代理，面对可诉可不诉的情况就会决定继续上诉，造成不必要的诉讼。

因此，我们倡导律师代理以层级的方式渐进，分级代理，审级分签。一方面是客户支付公平合理的对价，不为尚未发生的诉讼买单；另一方面是离婚代理中的情况多变，对未来走向难以预判，工作难度较大，分级代理则有明确的代理结束期限，以减少律师不必要的工作量。

三、重视调解

笔者经常被客户追问，调解结案能不能减半收取律师费？这是非婚姻家事律师在代理案件中通常会选择的谈判策略，告诉客户如果调解结案，律师可以不开庭了，工作量减半，律师费可以优惠。然而，在婚姻家事诉讼代理中，笔者会明确地告知客户，为了促成调解，我们花费的精力更多，调解结案律师费不打折。

第一，调解有利于家事矛盾化解。从情感出发，调解可以化解双方积怨，为离婚后如何抚养子女、给付金钱、过户房产等具体细节进行协商，避免矛盾激化和履行不能。

第二，调解前完成证据整理工作。调解方案制订的基础是厘清夫妻共同财产和债务，在代表原告提出调解方案前，律师已经基本完成调查取证工作。

第三，调解才能避免初次判不离。实务经验告诉我们，以原告身份提起解除婚姻关系的案件，一审一般判不离；想达到离婚的目的，调解显得至关重要。

律师在做一审离婚诉讼代理时，应当根据案件变化特别是客户诉求变化，选择继续做以离婚为目的的工作；或是充分尊重双方当事人的意愿进行调解和好与结案；或在可能调解和好的情况下，依旧为调解离婚或代理诉讼判决离婚做好准备。

以上均是律师的工作，在此种情况下，我们要时刻对自己的代理工作及工作目标进行确认。

第十八讲　代理诉讼收费标准

离婚案件是"一揽子诉讼"，包含三大板块：一是解除婚姻关系，即离婚；二是子女抚养权归属，包括抚养权、抚养费等；三是夫妻共同财产的分割及个人财产的定性，以及夫妻共同债务的负担。我们对代理费的设计，从固定收费、风险收费、调解收费三个板块进行考虑。

一、固定收费

离婚案件包括离婚、抚养权、财产三个部分，但有的离婚案仅是解除婚姻关系，无诉讼标的参考则无法衡量收费标准；或者一个无财产争议的抚养权纠纷案件，其工作量远超财产分割，而收费亦无标准去确定。因此，律师需要考虑基础收费，保障服务质量。

一个审级的工作量是以基本服务的收费为基础代理费。不论案件标的大小、难易程度、诉讼结果，律师代理诉讼案件大致经历立案、调查、举证、阅卷、庭审等诉讼环节，撰写起诉书或答辩状、申请书、举证意见、质证意见、代理意见等诉讼文书，不同级别的律师代理案件的工作流程和工作量大体相当。

资深律师或专业律师的收费标准可以是普通律师的1~3倍，如果普通律师的代理费为1万~3万元/件，资深律师可以收取3万~9万元/件，普通律师与资深律师、专业律师的差距在于经验和服务。因此，律师之间"固定收费"的标准可以根据律师级别自行确定。

无论我们谈单是以标的计费报价还是以工作量报价，最终建议代理费都应以固定金额写入合同，约定付款进度和金额。

二、风险收费

离婚案件能不能做风险代理？这是婚姻家事法律服务领域一直具有争议的问题。对律师而言，最坏的结果就是风险代理费条款因为无效而收不到尾款，因此我们强调，"基础代理费"要足额收取。在实务中，我们除了约定基础代理费，仍然会有风险收费条款的"激励机制"，这是一个市场选择的结果。客户认为律师的劳动成果与自己的利益保持一致，会更加关注和努力地完成代理工作。我们通常转化为"完成工作目标"的表述，采用按比例结算和按成果收费两种方法。

第一，按比例结算。前面基础代理费部分，不论客户案件输赢、调解判决还是撤诉反悔，都是客户应当支付律师事务所的费用。在洽谈案件的过程中，确实有些财产争议较大、证据缺失、谈判难度较大的案件，我们采用区别对待的方式，如将一些争议不大的夫妻共同财产的收费纳入"固定收费"；一些争议较大的财产，我们则约定客户获得财产后另行按 3%～6% 的标准结算律师费。这样既保证了律师基本工作的经费，又留下了创收的空间。

第二，按成果付费。在离婚案件中，"离婚"是最艰难的，不能调解或判决离婚，其他财产分割、债务分担、子女抚养等诉求更不能实现。在一些特殊案件中，我们会将获得离婚证、载明解除婚姻关系的民事调解书、民事判决书作为另行支付律师费的条件，也可以将"获得孩子抚养权"或者"实际跟随某某生活"作为另行支付律师费的条件。

三、调解收费

在婚姻家事案件中，我们特别强调调解和判决需要支付同等律师费。尽管人民法院以调解结案则减半收取诉讼费，但对于律师尤其是婚姻家事律师来说，提供的服务中包含其心血与劳动，调解不比诉讼进行的工作量少。因此，我们一般会在合同中约定，以调解结案的，与判决工作目标一致，都应当支付相应费用。

在离婚案件中，"调解"虽然贯穿诉讼程序始终，但婚姻家事案件的调解难度和精力的消耗远远高于商事诉讼。律师花费大量时间给双方当事人做沟通、设计调解方案、找到双方利益平衡点甚至还需要做情感梳理与引导。有这么一个案件,当事人有着 30 多年的婚姻,笔者会指导自己的客户给他的配偶寻找心理支持系统,尽可能将离婚伤害降到最低。还有一个案件,双方在 4 次沟通后达成离婚调解方案,但离婚协议及补充协议我们修改了 10 次才促成法院做好调解笔录。这样的调解过程,不仅因为律师花费了超过开庭的工作量,还让客户避免了在法庭上互相"揭短"和"厮杀"的痛苦与煎熬,保全了双方的尊严与体面。因此,客户应当支付相应费用。

第六单元 婚姻家事案件的诉讼要领

婚姻家事诉讼的规范要求众多，对此我们归纳出四个要领：第一，诉讼服务方案设计；第二，婚姻家事案件调查取证；第三，婚姻家事案件调解运用；第四，重视代理成果兑现。其中包含关键要点与具体细节，我们会以具体个案进行呈现，让大家更好地规范运用。

第十九讲 诉讼服务方案设计

在诉讼方案设计的环节，有四个要点需要特别注意：案件事实固定、案例检索运用、心理预期调整和诉讼方案执行。

我们通过一个案例给大家分析诉讼服务方案的设计。女方起诉离婚并要求分割房产增值部分；男方患有疾病且认为诉争房产系男方父母出资，男方患病之后女方拒绝照顾。我们作为被告代理人该如何应诉？是以男方有疾病，不同意离婚做答辩，还是什么证据都不提交，单纯"走流程"？经我们与客户反复沟通，确认男方的需求在于"离不离婚都无所谓，但要保住父母的财产"。

一、案件事实固定

我们通过与客户沟通，确定一个本案的基本事实：男方同意离婚，双方涉及的不动产均由男方父母出资，但是出资证据尚待搜集整理。我们通过咨询和接案过程中的工作记录，逐步还原案件事实，并指导客户固定相关证据。

（一）婚姻综述

客户在《婚姻综述》中描写道：通过双方父母的朋友相亲认识。男方现确诊为某疾病，需长期服药，终身无法医治。快出院时女方提出离婚，出院后男方回父母家居住，双方分居至今。女方逃避责任，不愿担当，所以她提出离婚。双方婚后无子女，无和好的可能，符合感情破裂的标准。双方之间存在的主要分歧是财产分割。财产分割的难点在于婚前男方父母出资购买的房子，婚后男方父母继续还贷，以及男方父母出资买车位，房子和车位均登记在男方名下，女方提出分割共同财产部分。

（二）咨询记录

我们在《咨询记录表》中详细记录了男方及其父母口述的财产内容，归纳如下：

女方向法院提起离婚诉讼，要求判决离婚并对下列婚后共同财产进行分割：①案涉房屋婚后共同还贷支付的款项及其相对应财产增值部分；②车位；③轿车。

男方自述的财产情况如下：

（1）第一套房屋：婚前购买并登记在男方名下，首付款全部由男方父母支付，婚前按揭贷款每月由男方父母支付，婚后男方父母通过卖老家房屋将剩余贷款全部提前还清。房屋空置，男方父母偶尔居住。

（2）第二套房屋：男方与女方在婚后共同签订《商品房预售合同》，房屋尚未交付，也未取得房产证。首付款由男方父母支付 1/3、女方父母支付 1/3、夫妻共同支付 1/3（包括提取公积金和向亲友借款），其余房款向银行贷款支付。

（3）车位：车位婚后购买，由男方父母转款给男方后一次性付款，目前已经办理产权证，登记在男方名下。

（4）汽车：婚后按揭购买汽车，登记在男方名下。

（5）保险：婚后女方购买保险，每年支付保费，受益人为女方父母。

（6）存款：不清楚女方的存款余额，男方尚有部分存款。

（三）原告证据

原告向法庭提交原被告身份信息、结婚证、被告病历、聊天记录及第一套房屋和车位信息摘要、汽车登记信息。原告举证的重点是拟证明感情破裂。

（四）资料清单

通过与男方及其父母沟通，律师给男方家庭开出以下需补充的证据材料清单：

（1）不动产信息：两套房产和一个车位的购买合同、贷款合同、付款凭证、房产证等。

（2）车辆信息：购车合同、付款凭证、贷款合同等。

（3）银行流水：男方打印自己名下全部银行卡流水。

（4）金融账号：提供女方相关的银行账号、支付宝账号、财付通账号等与财产相关的信息。

（5）保险：提供女方投保的保险合同或线索。

（6）病历档案：男方的病历档案和费用支付情况。

（五）取证指导

客户根据《资料清单》提供了案涉财产的大部分证据材料，但结合一些案件细节，我们进一步指导男方及其父母调查取证。比如，男方父母是通过工资卡取现金，当天就通过银行柜台或 ATM 机存款到男方还贷账户上；从购房首付款支付到每月按揭还款，再到提前还贷，八年来都是这样的方式。

（1）第一套房屋：父母去开户行打印银行流水，核实父母转账男方的每笔房款转款凭证，男方去银行查询提前还贷的证据，父母提供居住在该房屋期间缴纳电费、水费等证据。

（2）第二套房屋：由男方本人持身份证到不动产登记中心查询、复制购房合同和房产备案登记信息。

（3）车位：父母向男方转款支付车位款的银行流水（与转房款一并查）。

（4）汽车：提供车辆登记证、行驶证、二手车交易 App 上询价得到的车辆现有价值。

（5）保险：提供女方婚内购买保险的证据。

（6）存款：由男方持身份证至银行查询自己向女方转款的流水记录，以取得女方完整的银行卡账号。

（7）其他：由男方父母整理因治病为其支付的所有款项，需要列明"时间—金额—支付账户"，并整理好票据。

综上所述，我们搜集了商品房买卖合同及补充协议、房屋所有权证、个人房产按揭借款合同、房屋首付款转款凭证（包括父母取款凭证、汇款凭证和男方银行流水）、还贷明细、契税和维修基金、物业费支付凭证、装修合同及付款凭证等。通过这些证据我们得知，案涉房产系男方婚前个人财产，购房首付款、全部按揭贷款（含提前还贷的本金和利息）、房屋的契税、维修基金、物业费、装修款均由男方父母支付，其资金来源可以100%地印证父母出资事实；原被告从未以夫妻共同财产为该套房屋偿还贷款或支付任何相关开支。

二、案例检索运用

通过大量的证据梳理工作，我们把"父母出资"的基本案件事实进行了固定，接下来我们更关心"父母出资"的法律事实，是赠与、借款还是借名买房？所以诉讼方案设计的第二步就是"案例检索"，即针对我们团队提出来的很多法律观点进行系统检索。

这个案件的特殊性在于100%还原父母出资，同时房屋由男方父母居住，日常维护费用也是男方父母负担。原被告双方结婚后并没有在此房屋居住，于是我们考虑能不能通过男方父母的确认所有权诉讼来对抗男方的离婚财产分割。

根据原《中华人民共和国物权法》第十七条①："不动产权属证书是权利人享有该不动产物权的证明。"同时，原《中华人民共和国物权法》第十九条②规定："权利人、利害关系人认为不动产登记簿记载的事项错误的，可以申请更正登记。不动产登记簿记载的权利人书面同意更正或者有证据证明登记确有错误的，登记机构应当予以更正。"目前，该房屋登记在男方名下，根据物权公示公信原则应当认定为男方的财产（是否有部分属于夫妻共同财产暂且不论），但由于本房屋全部房款均由男方父母支付，也可以主张男方父母与男方之间存在"借名买房"关系，并向法院起诉要求由男方为其办理房屋过户登

---

① 《中华人民共和国民法典》第二百一十七条："不动产权属证书是权利人享有该不动产物权的证明。不动产权属证书记载的事项，应当与不动产登记簿一致；记载不一致的，除有证据证明不动产登记簿确有错误外，以不动产登记簿为准。"

② 《中华人民共和国民法典》第二百二十条："权利人、利害关系人认为不动产登记簿记载的事项错误的，可以申请更正登记。不动产登记簿记载的权利人书面同意更正或者有证据证明登记确有错误的，登记机构应当予以更正。不动产登记簿记载的权利人不同意更正的，利害关系人可以申请异议登记。登记机构予以异议登记，申请人自异议登记之日起十五日内不提起诉讼的，异议登记失效。异议登记不当，造成权利人损害的，权利人可以向申请人请求损害赔偿。"

记手续的方式取得本房屋的所有权。而判断是否存在借名买房关系,并无明确法律规定,法官拥有很高的自由裁量权。除了房款的支付外,法院一般综合考虑以下多个要素进行认定:

第一,出名人与借名人是否存在书面协议。在(2018)川01民终4560号周×生、蔡×英、周×新等合同纠纷中,父母在儿子婚后以儿子名义付款购买房屋,以儿子名义办理贷款,父母给付首付并每月还贷,父、母、儿、媳签订有《购买房屋协议书》确认该事实,法院判决该房屋属于父母所有。

第二,购房过程中借名人的参与度。在(2018)川01民终15612号孙×碧、朱×敏所有权确认纠纷中,法院考虑到了签订认购协议时孙×碧没有到场,其名字为事后添加的事实。

第三,房屋相关的装修装饰、税、费由谁缴纳。在(2018)最高法民再437号××融和村镇银行股份有限公司、孟×萍债权人撤销权纠纷再审民事判决书中,法院考虑了借名人为案涉房屋缴纳了契税、维修基金并承担了装修装饰费用从而认定存在"借名买房",但在(2017)川08民终929号余×因与李×、龙×所有权确认纠纷中,法院对相关证据不予认可。

第四,是否存在正当的借名理由。在余×因与李×、龙×所有权确认纠纷中,尽管李×、龙×对案涉房屋进行装修、占有案涉房屋,并支付了物业费、房屋印花税、契税及维修基金等,但因李×、龙×不能提供合理的借名买房理由而被法院驳回;在(2018)川01民终15612号孙×碧、朱×敏所有权确认纠纷中,借名人朱×敏陈述其购房理由是因为丈夫调到成都工作,借名人本身不居住在房屋,并陈述在成都购房是为了投资,法院认为朱×敏购房理由更具有合理性,从而认定存在借名买房;在(2019)川01民终2463号王×、税×霞所有权确认纠纷中,法院认为王×、税×霞自行买房不存在障碍,因此借名买房不能成立。

第五,出名人在买房时的经济条件。在(2018)最高法民再437号××融和村镇银行股份有限公司、孟×萍债权人撤销权纠纷再审民事判决书中,法院认为购房时"孟×萍为中央广播电视大学的学生,并无相应的经济能力支付数额巨大的购房款",从而认定其父亲为真实购房人。

第六，出名人是否利用该房屋进行抵押贷款。（2019）川 11 民终 111 号了×石古、李×铁案外人执行异议之诉中，法院认为耍×妈尔于 2015 年 1 月 26 日将案涉房屋抵押给金坤小额贷款公司，债权数额 20 万元并在马边彝族自治县住房保障和房地产管理局办理抵押登记。说明耍×妈尔既是产权人又是房产证持有人。

通过案例检索，可得出结论：在本案中，关于是否存在借名买房，有利事实和不利事实均存在。

不利事实有：①男方父母与其子之间并没有关于借名买房一事的书面协议，且根据男方父母的陈述，在购房时本来目的也并非借名买房而是赠与给儿子；②男方父母不在成都工作，目前也尚未退休，而购房时男方在成都工作，买房并赠与给儿子更具有合理性。

有利事实有：①男方在购房时大学刚毕业，并无购房经济实力；②房屋相关的装修装饰、税、费均由男方父母承担；③该房屋目前由男方父母居住。

综上所述，法院能否认可男方父母与其子存在"借名买房"关系，从而认定诉争房屋的实际权利人为男方父母，存在较大的不确定性。

三、心理预期调整

在诉讼方案设计的第三个环节，就是心理预期的调整。我们做了大量证据搜集、整理、分析，诉讼方案的思路诞生了；通过"借名买房"的案例检索，我们否定了男方父母提起诉讼做房屋确权之诉的想法，本案的工作目标就是积极举证并做好客户心理预期调整。

（一）最坏结果：婚后用夫妻共同财产还贷

这套房产是在婚前购买并登记在男方名下，是男方的婚前个人财产。女方对于财产性质没有争议，争议点在于男方父母出资提前还贷的部分，是对男方个人的赠与还是对夫妻双方的赠与，这一点会影响整个案件的走向。

目前，女方的诉讼请求是要求分割房屋增值的款项，并且女方认为结婚以后的按揭还款和提前还贷的部分均是用夫妻共同财产来偿还。本案夫妻双方并未签订夫妻财产约定，双方婚后所得属于共同财产。

根据原《最高人民法院关于适用〈中华人民共和国婚姻法〉若干问题的

解释（三）》（以下简称《婚姻法司法解释三》）第十条①："夫妻一方婚前签订不动产买卖合同，以个人财产支付首付款并在银行贷款，婚后用夫妻共同财产还贷，不动产登记于首付款支付方名下的，离婚时该不动产由双方协议处理。依前款规定不能达成协议的，人民法院可以判决该不动产归产权登记一方，尚未归还的贷款为产权登记一方的个人债务。双方婚后共同还贷支付的款项及其相对应财产增值部分，离婚时应根据婚姻法第三十九条第一款规定的原则，由产权登记一方对另一方进行补偿。"女方正是基于该条主张对婚后共同还贷支付的款项及其相对应财产增值部分享有权益。

因此，本案提前还贷资金流是父母出资，并无争议，关键在于对于"用夫妻共同财产还贷"如何认识，这是一个法律认定问题而非事实认定问题。就目前而言，最坏的结果就是眼前这个诉讼了，极有可能认定为"婚后用夫妻共同财产还贷"并分割财产增值部分。

（二）较好结果：认定父母出资事实，出资性质有争议

目前就我们整理的 266 页的证据而言，可以认定父母出资这个事实，争议焦点是对出资性质的认定。从我们检索的情况来讲，基本趋势还是要尊重男方父母出资的事实和比例，这是大的思路。以第一套房的出资为例，该案适用原《中华人民共和国婚姻法》及其司法解释。

第一种可能性是个人赠与性质。根据原《最高人民法院关于适用〈中华人民共和国婚姻法〉若干问题的解释（二）》（以下简称《婚姻法司法解释二》）第二十二条②："当事人结婚前，父母为双方购置房屋出资的，该出资应当认定为对自己子女的个人赠与，但父母明确表示赠与双方的除外。"根据

---

① 《最高人民法院关于适用〈中华人民共和国民法典〉婚姻家庭编的解释（一）》第七十八条："夫妻一方婚前签订不动产买卖合同，以个人财产支付首付款并在银行贷款，婚后用夫妻共同财产还贷，不动产登记于首付款支付方名下的，离婚时该不动产由双方协议处理。依前款规定不能达成协议的，人民法院可以判决该不动产归登记一方，尚未归还的贷款为不动产登记一方的个人债务。双方婚后共同还贷支付的款项及其相对应财产增值部分，离婚时应根据民法典第一千零八十七条第一款规定的原则，由不动产登记一方对另一方进行补偿。"

② 《最高人民法院关于适用〈中华人民共和国民法典〉婚姻家庭编的解释（一）》第二十九条："当事人结婚前，父母为双方购置房屋出资的，该出资应当认定为对自己子女个人的赠与，但父母明确表示赠与双方的除外。当事人结婚后，父母为双方购置房屋出资的，依照约定处理；没有约定或者约定不明确的，按照民法典第一千零六十二条第一款第四项规定的原则处理。"

《最高人民法院婚姻法司法解释（二）理解与适用》，该条主要解决的是"对当事人双方在办理结婚登记手续前，一方或者双方父母为当事人双方购买房屋的出资应如何认定？"的问题，简而言之，此条是针对父母为了双方结婚而购买婚房的场景。鉴于诉争房屋的购买时间在双方认识之前，因此该房屋的购买与双方结婚无关，该条应当不适用。即使本条可以适用，男方父母在婚前为该套房屋支付的首付款及代为偿还的贷款，应属对于个人的赠与。

第二种可能性是借款性质。四川省高级人民法院有一个典型案例认为，从公序良俗角度不宜将父母出资一般认定为理所应当的赠与，应视为以帮助为目的的临时性资金出借，子女负有偿还义务。在实践中，也有法院认为父母在婚后为子女代为还贷的不宜轻易认定为赠与，不能证明婚后父母出资帮助子女买房属于赠与行为的，应认定双方之间为借贷关系。又如，成都市中级人民法院在（2017）川01民终4796号余×虹、毛×兰诉余×莎、黄×民间借贷纠纷案中认为，《婚姻法司法解释二》第二十二条第二款仅适用于父母出资意思不明确的情况，而如果有证据证明父母基于借贷的意思表示进行出资，则应以借贷关系处理本案纠纷。在前述案件中，余×虹、毛×兰未能举出书面的借款合同，但出具了余×莎个人出具的《借条》及黄×之父出具的《证明》来证明其对余×莎、黄×婚后购房的出资不是赠与而是借贷，法院予以认可。

四、诉讼方案执行

通过前面案件事实的固定、案例检索的运用、心理预期的调整，我们在诉讼方案执行上给客户制定了上、中、下三个策略。

（一）上策：保住两套房产出资

最优方案即上策，我们帮助客户整理两套房产的出资证据并举证，从证据基础出发，为客户保住两套房子的出资。两套房产的出资证据，我们帮助客户整理并举证。前面检索论述过房屋系"代持"的观点，男方证据并不充分。由于父母在出资时没有签订代持协议，也没有赠与合同、父母声明、子女承诺等证据，对于父母出资的部分如何去进行法律认定呢？是借款还是赠与？目前而言，最优方案就是参照四川省高级人民法院的精神，父母出资是"借款"，即男方父母代男方支付提前还贷的款项属于夫妻共同债务，由夫妻双方共同偿还。

（二）中策：提前还贷对儿子赠与

对男方父母而言，认定借款比赠与更为有利。同样是赠与，对自己孩子的赠与比认定为对双方赠与更为有利。因此，中策是争取提前还贷是对儿子本人的赠与，而非对夫妻双方的赠与，这样房屋是男方婚前个人财产，男方提前还贷是男方父母帮助男方偿还婚前个人债务，男方个人财产在婚内的增值部分不是由夫妻共同财产偿还，故女方不应当分割男方个人房产在婚后增值部分。

（三）下策：提前还贷对双方赠与

下策则是提前还贷被认为是对夫妻双方的赠与。目前，女方提起诉讼请求的主张就是最坏的结果。即使认定为对双方的赠与，但在此策略中仍然可以再进行细分，因为房屋增值计算是留有裁量空间的，而案件事实的复杂多变可能对价值也有所调整。

在两个小时的庭审中，原告被告双方有三四百页的证据向法庭进行举证和辩论。我们律师团队有两个细节把握，对案件起到了决定性胜利的作用。其一，律师团队工作细致负责。我们将书面举证意见和对原告的质证意见整理成文字版本，在庭审前交给书记员和法官，既节省了书记员的工作时间和保证庭审笔录的准确性，又让法官在庭审过程中快速看到证据内容和争议焦点，法官已对证据有大致情况的判断。其二，法官经验丰富，控场能力强。在庭审过程中，以法庭调查的方式向原告询问，原告代理人没有时间进行"辅导"，对于男方父母出资的情况女方一一作答，予以"自认"，查清房产出资来源于被告父母的事实。

第二十讲　婚姻家事案件调查取证

"打官司就是打证据"，相信大家感同身受。《中华人民共和国民法典》实施后，我们专题研究"离婚损害赔偿中的证据问题"，发现婚姻家事案件审理具有涉个人隐私举证难、间接证据认证难、自由裁量范围大心证难的共性特点。

《中华人民共和国民法典》第一千零四十三条规定，夫妻应当互相忠实、互相尊重、互相关爱，但不乏配偶一方违背夫妻忠实义务而存在"婚外情"，该现象已成为当前引起离婚纠纷的主要原因。

在司法实务中，多数"婚外情"尚不足以构成原《中华人民共和国婚姻法》第四十六条规定的"重婚""有配偶者与他人同居"的损害赔偿情形。《中华人民共和国民法典》第一千零九十一条在原《中华人民共和国婚姻法》第四十六条的基础上增加了"有其他重大过错"情形，将"有配偶者与他人同居"简化为"与他人同居"。然而，"离婚损害赔偿"制度实施难的问题可能仍旧存在，具体表现在举证难、认证难、心证难。

首先是涉个人隐私举证难。

根据原《中华人民共和国婚姻法》及其司法解释规定，原告提起损害赔偿请求的，必须在离婚诉讼的同时提出，离婚纠纷被告仅为配偶。在离婚损害赔偿案件中，主张"重婚""与他人同居"的案件事实均涉及案外人和个人隐私。学者提到的"婚外同居的住所具有隐秘性、婚外同居行为具有隐秘性、知情者秘而不宣维护其隐秘性"等方面，更增加了举证难度。四川省及成都市两级法院的调查令均明文规定"涉及个人隐私的"不予签发调查令，这势必导致离婚诉讼中当事人取证困难。

其次是间接证据认证难。

在离婚案件中，有配偶者与他人同居的事实一般具有隐秘性，证据难以取得，配偶另一方在取证过程中极可能对他人隐私构成侵害。实务中，偷拍、偷录、开房记录等证据属于非法证据，将被排除并不予采信。即使通过另案取得涉及过错方配偶与第三者相关的证据，仍然存在间接证据认证难的困境。

例如，在某夫妻共同财产赠与"第三者"返还的案件中，法院开具调查令涉及银行、不动产登记中心、房产销售公司、物业管理公司、汽车销售公司、出入境管理处、医院、携程公司、通信公司、社保管理局等单位，查明男方与第三者交往情况如下：

（1）存款。男方向第三者直接转款、男方亲属名义向第三者转款。

（2）购车。男方亲属名义向汽车销售公司银行转账支付购车款、男方以信用卡直接刷卡支付。

（3）购房。第三者提前还贷数资金来源于男方和男方亲属向其转账。

（4）旅游。男方与第三者出入境记录和国际航班信息显示，男方与第三者共同出国数次。男方与第三者信用卡消费记录与出入境记录一致。

（5）生子。产妇病历档案中，男方用本名和化名签字；部分住院费用由男方信用卡支付；男方在新生儿"监护人"栏签名。

律师通过走访物业公司、妇科医院、出国代理公司后，基本形成男方与第三者同居，甚至涉嫌重婚的内心确信，但由于客观原因前述单位无法提供书证。而银行转账、出资出游、非婚生子等证据，是任一事实即构成离婚损害赔偿条件，还是需要综合全案证据来认定为"重婚"或"与他人同居"或"其他重大过错"中的哪一种情形，存在分歧。

最后是自由裁量范围大、心证难。

通过全国案例数据检索发现，法院在适用原《中华人民共和国婚姻法》第四十六条离婚损害赔偿时，对案件事实的认定无统一标准，个案裁判差异较大，但是裁判思路仍有章可循。

（1）关于"重婚"的认定。该条款的"重婚"特指重婚罪。就检索"重婚罪"的判决而言，重婚罪认定标准高，主要以法律上的重婚"有配偶者又与他人登记结婚"作为认定标准；而对事实上的重婚"以夫妻名义共同生活"多以证据不足难以构成重婚罪。

（2）关于"与他人同居"的认定。绝大多数案件均因原告无法提供充分的证据证明被告与他人"持续、稳定地共同居住"而不支持其赔偿请求。有的承办法官根据通过走访物业公司了解到的情况，认定了一方"与他人同居"的事实。"非婚生子"并不当然构成"重婚"或"有配偶者与他人同居"，对此并无统一标准。

（3）关于"其他情形"认定。法院通常认为，其他情形的类型包括与婚外异性生子、生活作风不检点、婚内与他人保持不正当男女关系等违反忠实义务、婚内与他人保持恋爱关系、与他人发生婚外情、婚内错误抚养、婚内性侵第三人等。

综上所述，了解了婚姻家事案件证据难点后，我们从指导客户搜集证据、不同类型证据指引、调查令的运用技巧三个方面展开介绍。

一、指导客户搜集证据

（一）现有证据

我们在第十九讲"诉讼服务方案设计"之"案件事实固定"章节中再次回顾了咨询阶段形成的婚姻综述、咨询记录、资料清单、取证指导。现有证据就是根据这些沟通和提示，客户给律师提供的证据材料。

对于代理离婚案件原告而言，证明"夫妻感情彻底破裂"的证据搜集最为不易。在法定离婚理由中，"分居满两年"是比较容易得到支持的事实，但如果被告当庭不"自认"，原告势必要做好举证的准备，如何指导客户搜集分居证据呢？

第一类是直接证据。分居协议、信件、便签条等直接证明分居事实的证据。分居协议是双方当事人签署的协议，但是夫妻双方真正签订分居协议的凤毛麟角。分居协议可以就分居时间、各自居住地点、分居期间夫妻共同财产管理与分配、夫妻共同债务负担、子女抚养等事实进行确认，是证明力较强的书证。有的案件是单方书写的信件、留言条、便签纸等证据。

第二类是间接证据。书证、证人证言、电子证据等相互结合，可以形成证据链，证明分开居住的事实。

（1）书证。比如，房屋租赁合同，水电费、物业费单据，公安机关的居住证、物业或社区的居住登记信息等。

（2）证人证言。在分居期间，其中一方周围的同事、朋友、邻居等对分居事实比较了解的，可以申请出庭作证。

（3）电子证据。双方在沟通过程中，可能通过短信、微信聊天、电子邮件、通话录音等证据反映分居事实，这类电子证据在取证上有一定要求，律师应指导客户做好证据保全工作。

在我们的资料管理中，会单独建立一个"客户提供"的文件夹，标注好客户提供资料的时间；根据时间脉络梳理大事记，了解客户讲述的案件事实；指导客户搜集证据一定要关注"案由"和"请求权基础"，围绕案件事实去取证和举证，而非随意向法庭提供，由法官来判定。

（二）证据指引

离婚案件主要是围绕离婚、抚养权、财产分割三个部分的案件事实进行审理。根据《中华人民共和国民法典》第一千零七十九条规定，夫妻一方要求离婚的，可以由有关组织进行调解或者直接向人民法院提起离婚诉讼。人民法院审理离婚案件，应当进行调解；如果感情确已破裂，调解无效的，应当准予离婚。其中，离婚的法定理由包括：重婚或者与他人同居；实施家庭暴力或者虐待、遗弃家庭成员；有赌博、吸毒等恶习屡教不改；因感情不和分居满两年；其他导致夫妻感情破裂的情形。有前述情形之一，调解无效的，应当准予离婚。

"夫妻感情彻底破裂"是一个抽象的认定标准，而"实施家庭暴力"等情形在司法事务中通常缺乏证据证明，因此我们归纳了"实施家庭暴力""第三者导致夫妻感情破裂"等常见情形的《取证指引》，指导客户搜集一些证据，律师再从证据三性的角度进行分析、补强、运用。

（三）调查辅助

调查辅助主要指调查令的运用。调查令是指在民事审判程序中，当事人因客观原因不能自行调查取证，或者在执行程序中，当事人提供被执行人的财产信息确有困难，经申请并获人民法院批准，由人民法院签发给当事人的代理律师，由其向协助调查人收集相关证据或者信息的法律文书。

自 2006 年《最高人民法院关于认真贯彻律师法依法保障律师在诉讼中执业权利的通知》中提出人民法院可以在民事诉讼中积极探索和试行证据调查令以来，全国各地法院均对律师调查令进行了积极的探索，四川、广东、天津、浙江、重庆、河北等省市高级人民法院均制定发布了民事诉讼中实行律师调查令的规定。例如，2019 年 12 月 6 日，由四川省高级人民法院联合省司法厅、省律师协会起草的《关于在民事审判与执行阶段适用调查令的办法（试行）》，经四川省发改委、公安厅、民政厅、四川银保监局等 20 个部门联合会签后，正式印发实施。律师调查令是创新司法为民措施的一项重要举措。律师调查令经过全国多地多年来的试点，已经积累了较为成熟和丰富的试点经验、成果。

律师持人民法院调查令调查收集证据，是人民法院调查取证的方式。调查令在全国各级法院推行，但各地差异较大。在婚姻家事案件中申请法院调查取证和申请调查令调查帮助法院查明案件事实起到了很好的作用。在本章节中我们总结了调查令的运用技巧和注意事项。

二、不同类型证据指引

(一) 证据指引——财产篇

在我们提供的《咨询记录表（客户版）》中，我们引导客户根据财产类型进行梳理。财产类型包括：①不动产；②车辆；③公司股权；④银行存款、股票基金、保险、有价证券等；⑤家电家具、贵重物品（首饰、收藏等）、知识产权、海外资产、虚拟币等；⑥对外债权；⑦对外债务；⑧店铺。

不动产是离婚纠纷中分割量比较大的财产，尤其是按揭房的所有权归属和增值补偿款确定是非常关键的问题。在《咨询记录表（客户版）》中，我们提示客户，如果涉及按揭房屋的，需要整理首付款时间、金额、来源、方式；婚姻关系存续期间还款本金和利息；贷款总金额和截止到目前的本金及利息等信息。对应需要搜集整理的证据即商品房预售合同、付款凭证、贷款合同、银行放款凭证、银行每期贷款的本金和利息组成明细、还款证明、父母出资凭证等。

下面展示一份离婚个案的取证指引，关于"财产类"部分我们开出的指引内容如下：

（1）不动产（住宅、商铺）：购房合同、房产证、付款凭证或去成都市不动产登记中心查档案，附近中介机构了解本小区同户型房屋二手房交易价格。

（2）银行存款：开卡至今或最近一年的银行流水。

（3）股票基金、有价证券、理财产品的账号、交易流水、银证转账记录。

（4）车辆：购车合同、车辆登记证、付款凭证、二手车评估信息。

（5）保险单：保险合同、付款凭证。

（6）家电家具、贵重物品（首饰、收藏等）、知识产权、海外资产、虚拟币等财产提供凭证或者填表。

（7）对外债权：合同、银行流水等。

(二) 证据指引——家暴篇

我们给客户撰写了《家庭暴力取证方法及应对措施告知书》，开篇的"温馨提示"是这样写的：

唐应欣律师寄语：遇到家庭暴力，首先要保护自己，其次不要激怒对方，证据固定是第一要务！关于家庭暴力，你要知道三个真相：

第一个，暴力会反复升级！反复家暴是心理问题，施暴者也很痛苦，不要相信对方会改好，暴力只会升级！

第二个，家庭暴力离婚难！家暴虽然是法定离婚理由，但"举证难"是众所周知的事实，请参阅《家庭暴力取证方法及应对措施告知书》。

第三个，不要对损害赔偿金寄予厚望！家暴证据固定的目的是帮助您顺利离婚，不要对夫妻财产分割和精神损害抚慰金寄予厚望，完全不如律师指导离婚或调解谈判。

首先，我们展示一下"官方"版的指引。全国妇联权益部组织编写了《家庭暴力受害人证据收集指引》。以下为家庭暴力受害人证据收集中的有关重点提要：

第一，证明发生过家庭暴力事实的证据。

（1）公安机关出警记录、告诫书、伤情鉴定意见等。公安机关出警后制作的受害人的询问记录、施暴人的讯问笔录、报警回执等；公安机关对加害人、受害人出具的告诫书；公安机关依法做出治安管理处罚决定后，抄送给受害人的决定书副本；公安机关对受害人进行伤情鉴定后出具的报告。

（2）村（居）民委员会、妇联组织、反家暴社会组织、双方用人单位等机构的求助接访记录、调解记录等。受害人如果曾经到这些机构投诉，可以申请查阅调取详细记录，也可以向法院申请调取投诉记录。

（3）病历资料、诊疗花费票据。因家庭暴力就医时，保存好就医的病历资料、诊疗花费票据等。

（4）加害人实施家庭暴力的录音、录像。在保证人身安全的情况下，可以对加害人实施家庭暴力的过程进行录音、录像。

（5）身体伤痕和打砸现场照片、录像。对家庭暴力造成的身体伤痕和打砸现场拍照、录像。

（6）保证书、承诺书、悔过书。如果加害人有悔过的表现，可以要求加害人写保证书等，并签署姓名及日期。

（7）证人证言、未成年子女证言。请目睹或听到家庭暴力发生情况的邻居、同事、未成年子女等作证。

（8）受害人的陈述。自己叙述遭受家庭暴力的情况。

第二，证明面临家庭暴力现实危险的证据。

《中华人民共和国反家庭暴力法》第二十三条规定，当事人因遭受家庭暴力或者面临家庭暴力的现实危险，向人民法院申请人身安全保护令的，人民法院应当受理。

如果加害人通过电话、短信、微信、QQ 聊天记录、电子邮件等威胁、恐吓的，受害人可以以录音、截屏等方式备份保存此类证据。具备条件的受害人，还可以通过公证处提取电子证据。

其次，我们展示一下"私享"版的指引。我们的《家庭暴力取证方法及应对措施告知书》更侧重于如下取证方法：

第一，证据形式及注意事项。

（1）伤情照片：受伤后及时照，照受伤部位的同时要照脸，以证明关联性。

（2）诊疗记录：及时就诊，包括医疗本、诊断证明、医疗报告、住院病历等。

（3）报警记录、警察笔录、伤情鉴定报告、告诫书等。

①报警要尽量拨打"110"报警，而不是拨打派出所的电话号码。因为110 报警会有报警记录留存，而拨打派出所电话往往没有报警记录。

②要记录出警人员的联系方式，方便将来调取证据。

③如果当时无法报警，事后应及时报警。

④必要时可要求警察给双方做笔录、依程序进行伤情鉴定、出具告诫书等。

⑤家庭暴力受害人不方便报警时，其法定代理人、近亲属也可以向公安机关报案。

（4）保证书：施暴方道歉时，要求其本人书写，可留存备用。

（5）证人证言：受害人应积极寻求亲友帮助，知情人将来可作为证人作证。

（6）录音录像：可以事先准备，也可以在暴力发生时尽量逃往有摄像头的公共场所。

（7）相关机构证明：受害人可以求助于居（村）委会、对方用人单位、妇联、学校等机构。

第二，应对措施。

（1）适时分居。

（2）向相关机构求助，寻找紧急庇护场所。

（3）对施暴者可以请求法院撤销其对未成年人的监护资格。

（4）必要时对施暴方介入心理治疗。

（5）向法院申请人身保护令。

（6）起诉离婚、侵权纠纷等，追究施暴方的法律责任。

（7）必要时向公安机关报案，追究施暴方的刑事责任。

（三）证据指引——第三者篇

我们给客户撰写了《婚外情取证指引》，开篇的"温馨提示"我们是这样写的：

唐应欣律师寄语：遇到婚姻危机，您一定很难过，保持冷静是第一要务！

第一步，预约律师咨询，获得有效经验。

第二步，避免在这个阶段无目的地宣泄情绪，也避免在情绪风暴中做出"离婚"决定，可以参见下面的《婚外情取证指引》，待情绪稳定后再做决定，有的证据只有一次机会！

第三步，情感疗愈需要时间，不论您离婚与否，在这个阶段律师可以通过证据保全、婚姻调解、离婚谈判等方式帮助您和孩子保全资产。

有专业律师的帮助，避免您人财两空。即使感情无法挽留，尚有资产相守。

《婚外情取证指引》的具体内容包括：

（1）第一次发现的时候，请尽量保留证据，拍下来或把相关物品留下来。

（2）翻翻相关东西：家里的电脑、硬盘、抽屉等，看看电脑上的聊天记录、照片、文件等材料。

（3）看看对方微博之类的社交平台，相关资料注意截屏。

（4）如果发现伴侣与异性在公共场合表现得太亲密，记得拍照或录像。

（5）可以查查伴侣与异性亲密出行的记录，如机票等，注意行车记录仪。

（6）证人愿意作证的，可以写证人证言。

（7）不方便出庭作证的，证人一般不会拒绝在电话或微信里和你聊天承认他看到过的事实，这种电话录音或微信记录也可以用，至少比没有证据更好，也省去了朋友出庭的尴尬。

（8）对方想请求你原谅，但你不知道将来他会不会改的情况下，让他写一份保证书吧。

（9）如果发现他和第三者去酒店了，请把时间、酒店名称、地址等记好，争取将来向法庭申请调取开房记录。

（10）发现对方一天不知道接多少莫名的电话，可以想办法提供他的通话记录。

（11）婚外生育子女的，孩子的出生记录及户籍资料是很好的证据。

（12）如果什么证据都没有，第一次摊牌时要记得录音！这有可能是最重要的一份证据，要在对方没有警觉的情况下，找一个摊牌的机会，提前做好录音准备。

（13）记住：视听资料证据要保留在原载体里不要动，相当于证据原件，这一点非常重要。

（14）总结：保证书、视频、音频、照片、开房记录、证人证言、微信记录、各种聊天记录、邮件、子女出生记录、户籍记录、通话记录、微博资料、出行记录（如机票）、经济往来记录等，这些证据可以保留。

三、调查令的运用技巧

同一种类型的案件，有的律师能申请到调查令，有的律师却不能，律师们感到困惑。除了每个法院对调查令开具的态度略有不同而外，如何找到拟调查内容与案件事实的关联性尤为重要。

我们在代理一桩起诉第三者返还财产的案件中，前后向法院申请了40多份调查令，查明了在婚姻关系存续期间，男方向第三者赠送车辆、房屋等财物以及与第三者出游、生育子女等案件事实。

我们是怎么做到的呢？通过个案的梳理，我们也对调查令的运用技巧做了总结。为方便表述，下面称本案的当事人为原告（女方）、被告（第三者）、第三人（男方，男方与女方系夫妻关系）。

第一步,从已知财产着手。在立案之后,我们通过被告名下的车辆去车管所进行调查。一般情况下,律师去车辆管理所调取材料只关注车辆登记信息和抵押、查封等信息,并不要求查询、复制全部登记档案。

我们主动与窗口工作人员进行交流,了解除了常规给律师提供的查询资料外档案里还有哪些信息,我们想知道该车辆是通过哪家4S店购买。因此,工作人员在权限范围内向我们提供了一张该车辆的销售发票,上面有销售单位名称、地址、电话、发票编号等。

办案技巧在于,在正常调查的过程中,我们要多问多沟通,了解材料的大致情况以及是否有可以进行补充调查的突破口,可以向被调查单位工作人员提出一些不超越职权的请求,如要求车管所提供销售发票,如果不能提供原件,则拍照、摘抄重要信息。

第二步,多轮申请调查令。第一轮调查令针对已知信息,如买车、报警记录、就医记录、房产信息开展调查。

借助这张销售发票,我们向法院申请了向汽车销售单位的调查令,查到银行POS单、付款证明、专用收据、发票等信息,查到了资金来源第三人以及被告和第三人的银行账号信息。我们通过派出所调取到报警信息和讯问笔录,又通过派出所信息了解到医院信息。由于非婚生子的医院费来源于夫妻共同财产支付,故法院开具调查令。

通过调查令,我们查到被告名下的房产登记信息、车辆销售信息、医院消费信息,同时调查到被告的财产支付凭证与银行账号等。在该环节,办案技巧在于查财务信息,如根据POS机刷卡的支付凭证查询到被告的银行账号。

第二轮调查令不同于第一轮,这次的重点聚焦在银行流水,针对第一轮调查所获信息,如购买记录、银行账号等,通过向法院申请调查令,调查银行流水,可以获取双方的往来款项、大额消费记录、出行记录等有效信息。

办案技巧在于,按照固有思维和法院调查令惯例,一般只能申请查询最近一年的记录,但我们要求申请从银行卡开卡之日到今天的所有银行流水记录,甚至要求银行提供电子档案以供分析。

第三轮调查令的重点在于通过前期流水发现的线索,查询微信钱包、携程、出入境记录等,查明其共同出游的事实。办案技巧在于律师应当具备生活常识，进行思维的延伸扩展。与法官沟通时，我们不能漫无目的，一定要说服法官，将调查取证的内容与本案的关联性告知法官，以及通过调查哪些内容可以查明本案的哪些案件事实。

通过上述抽丝剥茧的工作，该案共开具了 40 多份调查令，查明案件基本事实。比如：存款方面，由第三人向被告直接转款的数值，或通过亲友转款的数值；购车款项，是第三人直接支付或通过其他关联人支付；房产提前还贷的情况、共同出游消费的情况等都能通过银行流水查清楚。因此，调查令在婚姻家事案件中非常重要。

因婚姻家事案件涉及"个人隐私"，法官对开具调查令的情况尺度把握不同，需要结合案情与之沟通。在律师调查权范围愈来愈受限制的当下，调查令的运用对查清案件事实具有很大帮助。《调查令申请书》应当包括哪些要素、被调查单位有无特殊要求、在办案中哪些经验教训值得总结，我们逐一展开介绍。

（一）银行

目前，我们在办案中涉及的被调查单位包括 20 余家银行。

律师持令调查属于法院调查取证，在银行系统属于"司法调查"，总结以下四点注意事项：

第一，两名律师。各银行总部对司法调查和律师持令调查有明文规定，在四川范围内所有银行均要求调查令载明两名律师信息，且要求两名律师同时到场，需要查验证件和拍照。

第二，咨询确认。被调查单位的具体名称、地址、作息时间可以通过电话进行确认。每家银行都有 95 开头的服务电话，可以通过电话咨询确定开户行和司法调查相关事宜，再进一步与开户行进行确认。被调查对象名称要写准确，如果是某某支行或分理处，即需要前往指定银行柜台；被调查对象的名称"宜大不宜小"，有的银行允许在辖区范围内任一柜台网点查询，如××银行××支行可以申请调查令时只写"××银行××分行"，下属任何一个支行与分理处都可以调查。

第三，交易对手。申请调取交易对手信息需要特别注明银行才会提供，银行核查调查令载明信息非常严格，调查内容应当尽量详尽。参考：调取被申请人××（身份证号码：××）名下全部银行账户自开户之日至今的全部账户信息（包括但不限于户名、账号、交易日期、交易对手名称、交易对手账号、备注/摘要等）。

第四，外汇调查。例如，调取××（身份证号码：××）名下全部账户的国际汇款详情（包括但不限于交易对手开立账户登记信息、账号、银行代码等）；调取户名包括"××（汉语拼音名字）"字样（不限大小写）的收款账号全部汇款详情（包括但不限于交易对手开立账户登记信息、账号、银行代码等）。

（二）公安局

律师查询人口基本信息、户籍档案、居住证等内容，可以持介绍信前往户籍地派出所调查取证。现四川省公安厅开通了律师网上查询人口信息的途径，需要按要求开通账号和查询使用。这里我们重点介绍报警记录查询和公民出入境记录查询。

（1）报警记录查询。例如，向××市公安局××派出所调取××市××年××月××日申请人××报案信息及档案材料。

（2）出入境记录查询。例如，向××市公安局出入境管理局调取××（身份证号码：××；护照号：××）自20××年1月1日起至今的出入境记录。

（3）开房记录。例如，向××市公安局调取××年××月××日被申请人××在住宿登记系统的登记信息，包括入住时间、旅店名称、入住房号、退房时间等具体信息。

（4）车辆登记。在四川省范围内查询汽车登记信息不需要法院开具调查令，但需要律师持有律师证和介绍信前往成都市公安局交通管理局下属的车辆管理所查询。

（三）不动产

对于不动产登记查询每个城市的情况不同，建议申请调查令之前先行咨询清楚。以我们在成都、重庆、西安、昆明、三亚等地申请调查令调取房屋登记信息的经验，各地规划和自然资源局大概率设有不动产登记中心提供司法查询。

以成都市为例，不动产登记查询注意事项如下：

第一，被调查单位。被调查单位可以为成都市不动产登记中心。成都市不动产登记中心有多个网点，需结合房屋所在区域前往不同办证点位。

第二，查询范围。成都市不动产登记中心可以查询六城区（锦江区、青羊区、金牛区、武侯区、成华区、高新区）国有建设用地使用权登记（含首次登记、注销登记等）、房屋所有权登记（含预告登记、转移登记、变更登记、分户登记、注销登记、抵押登记、查封登记、更正登记等）等信息；其他区域的不动产登记需前往区市县的相关单位查询。

第三，两个单位。因不动产登记采用"双证合一"和政府职能部门变更，成都市的不动产登记如果要查询内档，需要在成都市规划和自然资源局、成都市住房和城乡建设局等多个窗口往返，建议查询早年的同一房屋、土地信息备用两张以上调查令。

第四，调查内容。调查内容建议写清楚登记信息和档案信息。例如，调查收集××名下现有登记和历史登记的所有房产登记信息及全部历史交易档案信息。

（四）开发商

律师通过不动产登记中心调查，可以查询到房屋登记信息和购房合同、抵押合同、购房发票等信息。结合前述档案，律师可以确定不动产的销售单位。由于家事案件调查，我们不仅关注产权登记信息，有的购房财务凭证也会成为本案件的重要证据，因此我们会向开发商进一步调查。

例如，某案我们申请的调查内容为：××年××月××日××购买成都高新区××住宅和车位缴纳的各种税费的财务付款信息（付款人、付款金额、付款银行账号等）。

又如，通过调查令，某案开发商给我们提供了商品房买卖合同、合同补充协议、转移登记费用请款明细、第二代集中作业平台客户账回单（个人业务农行房款）、增值税普通发票、收据和POS付款凭证。

（五）物业

物业公司是否接待律师调查，每个公司情况不一样，有的物业公司接受律师持律师证和介绍信前往调查，有的物业公司要求持有法院调查令调查，需要提前与相关物业公司沟通确认。

（1）被调查单位。需要查询客户的购房合同、小区楼盘等信息确定具体的物业公司，律师最好在《调查令申请书》上载明物业公司的地址、电话等信息，便于法官助理开具调查令时核实。

（2）调查内容。物业公司有监控系统和收费等管理系统，还经常配合社区开展人口普查、居住登记、疫情防控等具体工作，对查明同居、实际居住等案件事实很有帮助。例如，调取××实际居住地成都市××区××小区××号××栋××房业主登记信息、居住物业交费与银行卡刷卡及代扣信息、车位租赁和管理线索、物业监控影像资料。

（六）医院

医院都有档案管理室，客户通常可以持身份证原件和与患者关系证明直接查询医院档案。在特殊情况下，查询非婚生子、人流手术、医学美容等档案，向法院申请调查令比较稳妥。

（1）被调查单位。律师需要通过医疗记录盖章、广告信息、网站搜索等方式确定被调查单位具体名称，有的民营医疗机构"两块牌子、一班人马"，具体调查单位名称写哪一个需要与单位核实。

（2）调查内容。医院不仅有医疗档案还有收费系统，律师在申请调查内容时需要结合业务流程进行拓展。例如，我们在涉及非婚生子调查时，向某私立医院出具的调查内容为：调取××与××（××卡卡号：××；公民身份证号：××）非婚生子出生证、××及儿子门诊和住院医疗档案、门诊和住院费用发票及明细单、××卡卡号充值信息（时间、金额、付款人信息、银行卡支付凭证等）、住院费支付凭证等证据。

又如，我们向某美容院调取××在贵院消费的各类服务项目等全部业务信息，以及财务付款信息（含付款人、付款金额、付款银行账号等）。

（七）社保局

社保局可以提供"城镇职工养老保险缴费信息""城镇职工医疗保险缴费信息"，上面有单位名称、参保状态、年度缴费起止月份、个人缴纳、个人缴纳计入个人账户金额等信息。

例如，调查内容参考：向××市人力资源和社会保障局调取××（身份证号：××）的全部社保明细（缴费、支出、变动等）信息。

（八）财付通

微信红包或者转账记录的调查，财付通支付科技有限公司只接受人民法院调查取证，不接收律师持调查令调取，详情可咨询 0755 - 86013676 转分机 12368。

某案，我们向法院调查内容为：调查收集××（公民身份证号：××）与××（公民身份证号：××）的微信自××年×月×日至××年×月×日××与××微信朋友圈信息、两人之间微信聊天记录、微信红包记录，××与××微信账号绑定的银行卡卡号信息等。

通过法院调查取证反馈，微信聊天记录不允许调取，财付通支付科技有限公司可以查询实名注册信息和微信红包交易记录，具体包括用户 ID、交易单号、交易金额、交易时间、商户名称、发送方、接收方（用户 ID）、接收金额、银行卡号等，信息量大的还可以提供电子数据。

（九）支付宝

律师持调查令调取支付宝交易详情可以咨询支付宝官方客服电话。根据我们近期取证经验，建议调查令上开具一位律师信息，该律师必须前往现场调证，现总结如下：

（1）调查令开具抬头：支付宝（中国）网络科技有限公司。

（2）律师需携带所需资料到"蚂蚁协查中心"办理业务，不接受邮寄或线上渠道提交申请。接待地址：浙江省杭州市西湖区西溪路 569 号蚂蚁 A 空间东门 1 号楼大安全接待中心。接待时间为工作日 9:30-11:30，13:30-17:30。

（3）律师查询需要材料：法院开具的调查令、调查令上开具的律师（开具几位来几位，只开具一位来一位即可）的律师执业证。如果来访只能来调查令上其中一位律师，需要带上另一位律师的律师证复印件，并现场将另一位律师的律师证原件图片发送至指定邮箱。

（4）提交调查令后，工作人员反馈 4~5 个工作日内调取完毕并向律师邮寄电子光盘（邮寄给调查令律师）。

（十）通信公司

目前三大运营商中国电信股份有限公司、中国移动通信集团有限公司、中国联合网络通信集团有限公司一般只能向律师提供客户姓名、电话号码、身份证号码、开户时间、客户地址、证件地址等基本信息。受技术和存储条件限制，一般司法调查也不接受通话记录、短信记录等信息查询。

（十一）携程公司

婚姻家事调查中我们还会通过银行转账记录发现酒店、机票等预定信息，在某个案件中我们申请法院调查取证，携程计算机技术（上海）有限公司给法院提供了机票订单和酒店订单信息，给案件争议解决提供了重要证据。

机票订单包括用户 ID、订单号、预定日期、订单状态、票号、票号使用状态、乘机人、联系人手机、乘客证件号、航班号、主舱位、出发时间、出发城市、到达城市、订单金额等信息。

酒店订单包括订单号、订单提交时间、客户 ID、订单状态、订单金额、入住人姓名、联系人姓名、入住日期、离店日期、预订入住天数、预订房间数、所在城市、酒店名称、国家等具体信息。

携程公司整合了高科技产业与传统旅游行业，此类在线票务服务公司的证据存储信息为我们的调查取证拓宽了视野。

（十二）移民中介

公民申请移民会向中介公司提供系列资料，包括身份证、户口本、结婚证、离婚证、学历证、房产信息、财产声明、财产线索、完税证明、个税单、收入承诺等相关资料。对于我们查明夫妻共同财产范围和转移资产的情况提供了一定的线索和证据。

（十三）上市公司

在某离婚案件中，原告知悉在婚姻关系存续期间其配偶持有的股权在香港联交所主板挂牌上市，为查明股权持有、股权交易的情况，原告方申请向该上市公司出具调查令取证。该公司以书面形式回复《关于××公司股权的情况说明》并提供××香港证券股权交易确认书"Trade Confirmation"，协助法院查清婚姻关系存续期间转让股权梳理和交易金额。

（十四）保险公司

在某离婚案件中，为查明配偶投保的情况，我们向某人寿保险公司出具调查令取证。该公司向我们提供个人寿险投保书、人身保险投保提示书、保险利

益演示（客户确认版）、个人业务凭证（付款单）、保险合同签收回执、保全
业务批单等。

（十五）信托公司

在某离婚案件中，为查明配偶购买信托产品的情况，我们向某信托公司出
具调查令取证。该公司向我们提供了《××集合资金信托计划资金信托合同》
及附件，包括签章页、地址确认函、个人税收居民身份暨特定身份声明、申购
申请书、资产托管业务电子回单（转款凭证）、收款回单等。

第二十一讲　婚姻家事案件调解运用

本节主要讲婚姻家事案件的调解运用，我们通过两个离婚案件调解的过
程，呈现调解目标设定基础、利用有利因素促调、调解与诉讼的收费三个
环节。

一、调解目标设定基础

夫妻双方结婚时间较长，有没有法定离婚理由，如何实现离婚？我们代理
迫切希望离婚的一方当事人提起诉讼，如何实现第一次起诉就能离婚呢？我们
的建议是做好两次诉讼的心理准备，力争调解离婚。

（一）两个调解案例概述

我们分享两个案例的调解过程，帮助大家了解律师代理的价值和调解在离
婚案件中发挥的作用。

第一个案例以诉促调离婚后撤诉。夫妻双方结婚已经二十年，婚后无子女
且女方患有疾病，男方对于"零沟通"的状态非常痛苦，多次向女方提出离
婚未果。我们代理案件后向法院提起诉讼，在法院主持下达成协议离婚的方
案，双方约定在民政部门办理离婚登记手续，离婚后向法院撤诉结案。

第二个案例协议离婚经调解确认。夫妻双方结婚也是二十多年，因女方总
是偏袒娘家父兄，夫妻积累了多年矛盾。当孩子考上大学后，男方提出离婚。
我们代理案件后向法院提起诉讼，在庭前经过双方律师的多轮沟通达成调解协
议，并在开庭时予以确认，最后法院出具民事调解书结案。

当一对夫妻进入"闹离婚"的阶段，通常已经陷入"信任危机"，就这种类型的案件而言，女方总会怀疑男方"出轨"，指责是男方外面有人了才找碴，夫妻生活充满了抱怨、责备、争吵、暴力。

首先，第一次起诉离婚大概率会判不离。如果想实现离婚目的，当事人只有通过调解离婚。我们接受委托后，首要工作目标是与客户进行沟通。男方作为原告起诉离婚，婚姻关系较长，任何一位律师都会如实告知客户，如果没有法定离婚理由的证据，离婚非常困难，第一次通常都是判决不离婚。如果配偶身患疾病，则是难上加难，离婚周期非常长、成本非常高，可能经过两三次诉讼都无法离婚。因此，我们建议通过调解实现离婚目的，且要创造一切条件去促成调解。

其次，我们会帮助客户对夫妻共同财产及债务范围进行证据梳理，帮助客户了解财产状况，预判在通过判决离婚的情况下，财产会如何分割或可分配资产的价值。在制订调解方案时，我们考虑了夫妻共同财产分割对女方的适当倾斜，在财产明晰的基础上，考虑与女方沟通、谈判时如何让渡一些财产利益能使调解更为顺利。

（二）调解目标设定步骤

1. 梳理共同财产和债务

我们第一步需要帮助客户确定夫妻共同财产的范围。在第一个案件中，夫妻共同财产涉及一套市区内住宅（无按揭），一套市区外住宅（有按揭），均登记为共同共有，另有存款几十万元和一辆汽车。在第二个案件中，夫妻共同财产和债务较为复杂，涉及房屋赠与、代持，也涉及股权分割与补偿，还有保险、存款、基金的分割。在诉讼过程中可能会出现原告与被告就夫妻共同财产范围主张不一致的情况，所以双方调解的基础是对财产范围无争议，或者就先行分割的财产范围达成一致。

我们会帮助客户核实财产清单，核查相关权利凭证。财产所有权的确认最重要的就是审查不动产产权证书、车辆登记证书、工商局记载的股权登记情况等。就房产登记而言，我们建议客户直接去房管局打印一份信息摘要，载明房产权利人、共有情况、坐落、登记号、是否有抵押担保等信息，有的房产坐落因为地名变更等出现变化。尤其是房屋按揭等共同债务的确认，我们建议当事人去贷款银行打印流水，以确定实际还款本金和利息、贷款余额，便于后续财产分割。

2. 以平分为基础让渡利益

夫妻共同财产的范围确定之后，我们大致可以确认其共同财产价值和债务总额。在司法实务中，我们很难有证据认定婚姻过错并决定是给过错方不分财产或少分财产。

因此，律师需要帮助客户明确每项财产的产权性质、财产价值、债务金额，逐项确定财产价值。比如，房屋分割进入诉讼流程后会涉及竞价或评估，提前指导客户了解和确定一个较为客观公允的房产价值区间，会增加后续调解成功的概率。在财产价值确定后，按财产平均分配的原则，客户能分得的财产价值大体就确定了。至于财产归谁，如何计算和补充价格差异，就是谈判和协商的"算账"过程。

《中华人民共和国民法典》第三十九条规定的"协议不成时，由人民法院根据财产的具体情况，照顾子女和女方权益的原则判决"表明，在依法分割的基础上，即使男方有过错，自愿按财产三七、四六的比例分割，法院判决金额远不及自愿协商给的多。

3. 和平分手将伤害降到最低

《温馨提示》中载有：家和万事兴，分手和为贵。能去民政局办离婚，是上策；诉讼中达成离婚调解，是中策；确无调解可能，判决离婚析产，是下策。我们以判决析产定诉讼策略，以谈判调解为结案目标，为不幸的孩子争取和谐父母关系。

"和平分手"的好处这里不再赘述，我们会尽量在调解中让自己的客户和对方当事人念在旧情的基础上控制情绪发泄、换位思考。在第一个案子中，由于女方患病，男方除了保障自己居住的权利只要了一套按揭房外，还要每月继续还贷款；其余财产全部给女方。在力所能及的范围内，让女方未来的生活没有负担。在第二个案子中，双方还有一个儿子，离婚后仍然是"家人"，在孩子就学、就业、结婚、生子的重大事件中双方均不会缺席。

4. 设定谈判时间节点

我们代理离婚案，调解贯穿始终，但调解不是无休止的，应当设置调解的周期和谈判的节点。我们在提起离婚诉讼时，会与客户约定一个月的调解周期。如果客户希望在律师代理下双方协商离婚事宜，尽量避免进入诉讼程序，我们通常建议调解周期为一个月，沟通谈判按每周一次的节奏，最多四次。如果协商谈判 3~4 次都没有实质性进展，就建议立案进入诉讼阶段，从法院受理案件到开庭大概还会有 1~2 个月的时间，并不影响双方继续协商。如果客户担心对方不签收法院传票导致送达困难或者公告送达，则可以先立案进入"先行调解"的程序，在法院指派的调解员主持下进行离婚调解，即使调解不成，法院会按流程进入诉讼阶段。

二、利用有利因素促调

离婚案件当事人受情绪的影响决策反复是常有的事情，因此我们要在案件中发现有利因素促调解。

第一个案例中的有利因素是"人"。夫妻双方虽然没有生育子女，但女方有个亲侄女从小随双方共同生活，侄女与姨妈关系很亲近。在这个案子中，侄女与姨夫感情比较好，也能够理解姨妈夫妇常年零沟通带给双方的痛苦。在提起诉讼之前，我们建议男方将离婚的决定如实告知侄女，并表明自己离婚的坚决态度和财产分割的诚意，请侄女在后续诉讼过程中能够更多地陪伴在女方身边，帮助她度过艰难的岁月。在这个案子中，侄女对男方最好的帮助就是安抚和正向疏导女方。

第二个案例中的有利因素是"财"。我们在帮助客户梳理银行流水的过程中发现，女方确实有隐匿财产和转移财产的问题，包括在夫妻感情比较好的阶段，女方在男方不知情的情况下让男方签署了一些法律文件，导致财产外流。当这些证据摆在桌面上的时候，男方决绝的离婚态度和现有夫妻共同财产分割的让渡，最终促成了双方的协议离婚。

三、调解与诉讼的收费

（一）咨询阶段铺垫

我们在提供法律咨询的阶段，通过《温馨提示》与客户统一了思想，能够协议离婚是上策。虽然调解在离婚案件中贯穿始终，但代理律师在实务中是否愿意付出时间、经历、心思去做调解工作，这是因人而异的。因此，我们代理案件判决离婚与协议离婚的收费是相同的，并不因为调解结案而减少代理费支付。我们从调解阶段就要告诉客户，为了促成双方和平分手，律师会用心调解。在我们调解结案的离婚案件中，双方离婚协议书数易其稿，甚至改上数稿的情况每年都有。

（二）代理合同约定

我们与客户签订《委托代理合同》时均有相应条款对调解进行明确约定。如第一个案例，合同约定"经人民法院一审判决书或调解书确认男方与女方离婚，或者在诉讼过程中男方与女方在民政部门办理离婚证后向法院撤诉，自法律文书生效之日甲方（客户）向乙方（律师事务所）支付代理费××元"。第二个案例的财产比较复杂，我们在基础代理费条款中即约定"如果开庭前已经完成代理事项，则签订离婚协议或结案时一并支付尾款××元""本案通过协商、谈判、和解、调解、判决等方式使甲方实现财产分割的，甲方按实际获得财产总额的×%标准一次性支付律师费""夫妻共同财产价值和甲方获得的财产价值以判决书、调解书、裁定书、离婚协议、和解协议等生效法律文书确认的具体金额为准；未载明具体财产价值的，以甲方获得财产时的实际市场价值为准"。

（三）补充协议确认

我们与客户确认，调解与诉讼均是结案方式和律师费的结算依据。出于诉讼策略的考虑，原告起诉时一般仅列明 10 万～100 万元的夫妻共同财产分割，向法院缴纳少量案件受理费。如果案件撤诉，我们按离婚协议分割的财产价值来确定律师费结算条款；如果调解离婚，则法院会根据调解书中载明的房产信息补交案件受理费，通常当事人按房屋购买价进行诉讼费缴纳的确认，该价格也不是"获得财产时的实际市场价值"，部分案件我们会通过律师事务所与客户签订《补充协议》的方式就结算条款应当支付的律师费金额进行明确约定，并再次确认调解结案律师费的支付金额。

第二十二讲 重视代理成果兑现

我们在做离婚调解的过程中一定要重视代理成果的兑现，调解离婚本身就是为了化解矛盾，为夫妻双方未来的生活创造和谐的状态，因此调解方案和协议的落地要考虑代理成果的兑现。我们不能只关注协议签订时帮助当事人争夺了多少财产（或者降低了多少支出），更应该考虑协议的可操作性和履行情况。我们从一个离婚案来拆解调解方案的制定和落地。

一、调解方案的制定

这是一个相对比较简单的离婚案，女方起诉离婚并要争取孩子抚养权，同时要求分割男方婚前房产婚后共同还贷的增值部分。

（一）原告诉状

女方以男方对其实施暴力起诉离婚，诉状中所提到的请求归纳如下：第一，离婚；第二，争取婚生子抚养权和要求男方每月给付抚养费；第三，要求男方就婚后共同偿还的房贷进行补偿并就共同还贷部分对应的财产增值利益补偿；第四，精神损害抚慰金；第五，诉讼费。

（二）被告诉求

第一，争取孩子抚养权。被告不想离婚，如果孩子归男方抚养则可以协商离婚。如果女方执意要离婚，则不惜一切代价争取孩子抚养权。

第二，房产增值补偿金。根据现有证据，婚内共同还贷的部分，女方可以拿走多少钱？女方主张的金额是否合理。

（三）调查取证

案涉房屋系男方婚前购买且登记在男方名下，由于首付款金额较低，现房屋价格翻了一番。据男方介绍，夫妻双方系普通工薪阶层，每月的按揭款5 000余元多数是由男方父母支付；男方父母在日常生活上经济资助也较多。因此，本案对于婚姻用夫妻共同财产还款的事实查明至关重要。

我们接受委托后，指导男方查询自己的银行流水、父母出资的凭证、申请调查令调取女方名下的银行账户流水明细。另外，对于男方希望争取抚养权，我们帮助男方整理其亲自带养孩子的育儿日记、朋友圈视频、日常照片、男方学历、工资收入等有利证据。

（四）证据分析

第一，家暴录音。偷录不具有合法性，录音证据要被采信，需要具备证据的形式要件。仅凭一份录音难以认定"家庭暴力"，如果家暴不成立，则精神损害抚慰金也不成立。

第二，育儿日记。男方从孩子出生开始每天写日记，记录孩子饮食作息、成长趣事，充满父爱深情。这是一份书证，对男方争取抚养权有利，但这个年龄段的孩子一般判给母亲抚养，要说服法官男方抚养更有利于孩子的健康成长，只有五成胜诉概率。

第三，银行流水。男方还款主要有两个来源：一个是女方；另一个是男方的母亲。男方母亲出资性质不详，该款项可以是对夫妻双方的赠与，也可能是对自己儿子的赠与，各地审判实务有差异。通过分析银行流水、婚前还贷部分、自结婚登记之日起至离婚诉讼立案之日止部分、贷款余额部分各占1/3。如果按婚姻关系存续期间以夫妻共同贷款偿还来计算房屋增值补偿，男方代理人用多种方法计算出来应该给予女方补偿的金额均高于女方的诉讼请求主张。原告在诉讼中可以变更诉讼请求增加补偿金额。

（五）调解方案

男方坚决不同意离婚，法院不会仅凭一次录音证据判决其夫妻双方离婚。如果女方再次提起离婚诉讼，法院判决离婚和男方向女方支付房屋增值补偿款的概率都很高。根据我们对证据的梳理，即使男方母亲支付的款项能被认定为是对男方个人的赠与，法院裁判的补偿款与原告主张的金额相差不过几万元。

男方的调解方案定为：第一，只要女方愿意将孩子抚养权交给男方，男方同意离婚且保障女方对孩子的探视权；第二，如果孩子抚养权归男方，生活费、教育费标准采用对等原则与女方诉状一致；第三，婚后共同还贷部分的房屋增值补偿可以协商，从给付金额和期限上去沟通。

（六）谈话笔录

制作谈话笔录是代理案件中常用的工作方法。谈话笔录主要是用于告知客户就案件办理过程中比较重要的内容，如对于诉讼风险告知书的签收、调解思路沟通、探视权建议、房屋增值补偿款的计算原则、父母出资证据搜集等重要内容的提示。

二、调解方案的落地

调解方案的沟通、谈判过程并非一帆风顺。女方在孩子抚养权上并不愿意放弃，任何一位母亲想到与孩子分离都是伤心难过的。在调解过程中，双方的争议焦点在探视权执行和补偿费谈判。为了定分止争，我们在调解方案落地方面要考虑财产分割、子女抚养费、和解协议的兑现以及家庭成员思想工作的沟通。

第一，财产分割的兑现。

律师在案件代理的过程中，无论调解离婚还是出具诉讼代理意见，针对财产分割时一定要考量可操作性。

本案的房产属于男方婚前个人财产，并不涉及产权登记变更等细节。而前述案例中，按揭房属于共同共有，其分割该如何操作？如果律师在离婚协议书中只写归男方所有，不去考虑提前还款和办理产权证书等手续需要女方配合的情况，假设女方在离婚后情绪反复不予配合，又往往会引发第二次纠纷。

如果离婚协议书中分割的财产涉及第三人，法院在调解书中不予确认。在夫妻共同财产较为复杂的情况下，我们通常会帮助客户签订离婚协议、离婚补充协议及其他相关法律文件。

因此，我们强调，律师作为专业人士，尤其是婚姻家庭专业律师，财产分割的兑现是整个方案设计中以及与客户沟通过程中非常重要的一个内容。

第二，子女抚养费的兑现。

在这个案件中，因男方短期内一次性向女方支付房屋增值补偿款有困难，双方在调解笔录中约定，用余款抵扣某时间段婚生子的生活费。

对实际抚养子女一方而言，一次性支付抚养费或确定高额抚养费都是有利的方案。从我们的调解经验来看，有提前为子女指定账户存储一笔固定金的，有通过约定男方支付保险费为子女和女方建立保障的，也有直接约定夫妻共同财产登记在子女名下的，谁拥有子女监护权谁就拥有财产控制权。

在个案中，也有男方月工资仅5 000元，向女方承诺每个月支付孩子生活费5 000元，通过这样的方式达到快速离婚的目的。离婚后不久，男方再次提起抚养权变更之诉以要求降低抚养费金额。有些法官以签订抚养费条款是当事人真实意思表示、是依据自愿原则处分权利为理由，以惩戒性的心态不予支持男方的变更请求。但一般情况下，法院还是会依据男方的实际收入状况、孩子的实际支出情况进行综合考量，对抚养费进行调低。

因此，在协商抚养费条款时，我们要本着双方客观的状态去争议子女的抚养权。我们在签订子女抚养费支付条款时要考虑可操作性，如抚养费通过转账方式指定女方银行账户，当男方未按时支付抚养费时容易举证。

第三，夫妻和解协议兑现。

前文所述和解协议的内容多样且宽泛，具有一种兜底性质，但关于夫妻之间的协议，不管是离婚协议或其他协议，都应当考虑协议是否能兑现，是否具有可操作性。

在该房产增值补偿案例中，我们为促成夫妻和解协议的兑现可谓一波三折。

首先，争取理想金额。为确定男方向女方补偿金额，律师做了大量的证据梳理和分析工作。我们通过现有证据，帮助客户确定离婚房产增值补偿的金额范围，最后商定一个理想的给付金额，该金额仅为女方诉讼请求主张的60%。

其次，签订调解协议。双方在法院主持下签订调解笔录，男方一次性补偿女方婚姻关系存续期间的所有财产处置款。男方在短期内筹措款项有难度，我们提出用尾款抵扣子女的部分生活费；若前面两笔款项逾期支付，女方可以就剩下未付款项一并申请强制执行。律师帮助双方找到一个平衡点促成调解。

最后，鼓励积极履行。离婚当事人的情绪反复是很正常的情况。签订完调解笔录后，男方母亲得知还要向女方给付一笔款项，情绪比较激动，男方左右为难。如果得不到父母的支持，该款项不能如期支付，反正婚也离了，孩子也争取到了，违约也无妨，男方起了消极的念头。离婚调解的一个重要目的，是希望双方和平分手，保证孩子有一个相对健康安全的成长环境。如果男方签了调解协议又不履行，不仅面临强制执行，并且与女方的关系交恶，不利于孩子的健康成长。因此，我们开导男方积极与父母沟通，带着孩子开始新生活，帮助客户冷静思考、平稳过渡。

第四，给客户家人做沟通。

离婚是人生大事，需要父母的理解和支持。我们主动与男方父母进行释法、沟通，让男方父母理解调解书的条款内容和法律效力。在家人的支持和陪伴下，男方振作起来，向父母借款履行了给付义务，尊重女方对孩子的探视权，一如既往悉心照顾孩子，开始了他和孩子全新的生活。如果我们不积极地帮助当事人与家人进行沟通，一旦男方反悔拒绝履行给付义务，女方势必会申请强制执行，男方阻止女方见孩子，女方拒绝给抚养费，冤冤相报、无休无止。

　　律师的委托人虽然是签订合同的客户，但在通常情况下，婚姻家事案件的整个家庭成员都会参与其中同律师进行沟通。我们不仅要给当事人做情绪疏导，必要时也会加强与其他家庭成员的沟通，争取相对和谐的解决方案。律师应当尊重代理成果的兑现。结案并不等于结束，律师应当进一步关注服务对象，关注能否顺利和谐地进行判决后或调解后的下一步动作。

第七单元　婚姻家事案件的诉讼文书

这一篇我们通过委托合同、离婚协议、补充协议、财产约定、和解协议的深度拆解，帮助大家掌握客户与律师事务所签订委托合同及补充协议的注意事项，以及律师事务所在完成工作目标（如离婚或不离婚）的背景下，相关协议如何签订。

第二十三讲　委托合同

为避免执业风险以及最大限度地维护当事人合法权益，我们重点讲解婚姻家事类委托合同如何签订。婚姻家事案件涉及客户离婚与不离婚的反复性、离婚财产价值的不确定性、代理进程和事实确认的不明确等因素，因此委托合同条款设计非常重要。为表述方便，下面内容涉及的甲方特指客户，乙方特指律师事务所。

一、民事代理合同

司法部曾出具《民事代理合同》的示范文本，因此各大律师事务所的委托合同体例相似。本书以德恒律师事务所适用的委托合同文本结合离婚案件代理特点进行逐条解析。

（一）客户信息

离婚案件当事人是自然人客户。自然人信息首先应当包含司法文书载明的当事人信息，如姓名、性别、出生年月日、民族、住址；其次，还应当明确当事人的身份证号码、联系电话、电子邮箱、实际家庭住址、紧急联系人等信息。

（二）代理事项

前言需要填写"某某与某某离婚纠纷"法律事务，因此需要明确客户配偶的名称和身份信息。委托代理事项一般包括三个内容：代理内容、代理权限、代理期限。

第一，委托代理内容。其内容一般表述为"离婚咨询、调解、谈判及诉讼代理"。代理离婚案件一般都涉及这几项内容。

第二，委托代理权限。其内容一般表述为"以甲方签署的《授权委托书》为准"。因为签订合同当日会同时签署《授权委托书》，我们要避免此处填写重复内容。

第三，委托代理期限。我们一般一审一签，如果代理一审案件的，则表述为"自合同签订之日起至一审审理终结止"。

（三）代理律师

在团队化服务过程中，实际参与工作的律师和辅助人员通常不止两名，因此可以在"指派律师"栏处列明律师的名字，也可以以"团队"方式概括约定，如"乙方接受甲方的委托，并经甲方同意指派律师唐应欣及其团队律师担任甲方本合同项下法律事务的委托代理人"。

（四）保密义务

婚姻家事案件涉及个人隐私，故当事人对隐私保护非常在意，甚至部分离婚案件客户有签订《保密协议》的要求。

保密条款通常在"律师职责"条款之中，参考内容如下：乙方及其指派律师履行本合同项下的法律事务职责，即诚实守信，勤勉尽责，按照法律法规和律师行业的执业规定，尽力维护甲方合法权益；尊重甲方的知情权，及时向甲方通报代理情况；对甲方提出的有关意见建议，代理律师应当认真听取并妥善处理；保守在代理过程中所获悉的甲方商业秘密或个人隐私；严格依据甲方的授权为代理行为，不得有损害甲方利益的越权代理或无权代理行为；不得利用提供法律服务之便利，非法牟取本合同项下法律事务所指向的甲方利益。

（五）事实与证据

事实陈述条款旨在提示客户应向律师团队陈述离婚法律事务的全部事实，并提供有关证据材料或证据线索。如果客户未按通知要求的时间和内容提交证据材料或证据线索，由此产生的不利后果由客户自行承担。

在委托合同中，该条款仅为概括性提示，实务操作过程中律师会通过便捷的方式如电话、微信聊天、电子邮件等形式将律师事务所的风险提示文件和法院的《举证通知书》送达客户，提醒客户如实告知和承担举证责任。

证据提交条款旨在提醒客户向代理律师提交的证据材料须是复印件，不得向律师提供原件；否则，因原件遗失所造成的损失由客户自行承担。

（六）服务费用

律师服务收费可以根据不同的服务内容和不同的服务方式，单独或综合采取固定收费、计件收费、按标的额比例收费、计时收费、半风险代理等方式。婚姻案件的律师服务收费采取固定收费和按标的额比例收费相结合的方式，不得采取风险代理方式收费。服务费用包括律师代理费和第三方费用。

第一，价格公示。在签订本合同之前，乙方已将《北京德恒（成都）律师事务所律师法律服务费收费标准》的所有内容明确告知甲方，甲方对以上两个规定的内容已经充分了解，并认为本合同关于收费的约定不违反上述办法和标准的规定。

第二，分期支付。我们签订的委托合同，将律师代理费分为两个部分：基础代理费和结算费用。参考条款如下：

根据国家和四川省关于律师收费的现行规定，经双方协商一致，本案基础代理费为人民币××元（大写：××万元整），甲方支付律师费后三日内，由乙方出具相关发票。

（1）基础代理费分两次支付，第一笔款项××元于合同签订之日支付；第二笔款项××元于法院出具《受理案件通知书》之日起三日内支付。如果在法院正式立案前已经完成代理事项，则签订离婚协议或结案时一并支付基础代理费尾款。

（2）本案通过协商、谈判、和解、调解、判决等方式使甲方实现夫妻共同财产分割的，甲方按实际获得财产总额的4%或6%的标准一次性向乙方支付律师代理费：

①4%标准结算范围：根据《咨询记录表（客户版）》载明的夫妻共同财产线索，包括……

②6%标准结算范围：××隐匿和转移夫妻共同财产的部分。

③夫妻共同财产价值和甲方获得的财产价值以判决书、调解书、裁定书、离婚协议、和解协议等生效法律文书确认的具体金额为准；未载明具体财产价值的，以甲方获得财产时的实际市场价值为准。

第三，办案费用。案件办理过程中产生的诉讼费、仲裁费、鉴定费、公证费、查档费、资料复（打）印费、差旅费等其他办案费用不属于本合同所约定的律师费，此类费用由甲方另行支付或预支。

（七）法律责任

律师事务所设计的委托合同格式条款，还是会从执业风险和职业保护的角度对合同条款进行设计，三个比较重要的内容在于：

第一，关于单方解除问题。从律师执业风险的角度，如果客户有捏造事实、提供伪证或要求律师从事违法活动等情形，律师事务所有权单方解除本合同，已收代理费不予退还。从合同履行的角度考虑，如果客户不按合同约定支付代理费的，律师事务所有权单方解除本合同，已收代理费不予退还；如果律师事务所单方解除合同，应全额退还已收代理费。

第二，关于过错赔偿问题。在委托合同中特别约定，因代理律师过错给客户造成损失的，律师事务所应承担赔偿责任，赔偿数额以乙方实际已经收取的代理费数额为限。此外，律师事务所和律师都投保了"律师执业责任保险"。

第三，关于违约金问题。针对客户未按合同约定支付代理费及其他费用的，律师事务所有权要求客户支付未付的代理费用，并按本合同约定代理费总额未付部分的20%追索乙方违约金。

（八）合同变更

律师行业有其特殊性，律师事务所与律师之间的关系较为松散，律师事务所既要支持律师拓展业务，又难以对律师业务进行过多管理。因此，在合同变更方面，双方当事人对未尽事宜可另行协商，并书面补充完善，其变更的内容须经律师事务所负责人签字后方能生效。本合同不得因为律师事务所指派的律师发生变化而进行变更，也不得因为律师事务所指派的律师其执业机构的变动而进行变更。

（九）特别约定

特别条款中可以记载双方当事人的任何约定，鉴于律师工作的特殊性，我们交流两个条款，即送达条款和利冲条款。

第一，关于送达条款。律师代理客户签收法律文书后，如何证明已经向客户告知？我们特别设计了送达地址确认、指定微信号联络等条款，参考内容如下：

（1）甲方与乙方约定，人民法院或律师事务所向甲方快递送达或公告送达地址为"收件人：××，电话：××，电子邮箱：××，快递地址：××"。

（2）甲方特别同意使用××（客户姓名）微信号（××）作为与乙方工作联系往来、法律文件送达方式，接收乙方发出的通知、文件。

乙方向该微信号发送的通知、文件送达与书面送达甲方具有同等法律效力。当甲方向乙方发出的微信在未被系统退回的情况下，即视为送达。乙方收到该微信号发送的通知、文件，视为甲方对乙方代理行为之指示（意思表示）。

第二，关于利益冲突条款。由于我们德恒律师事务所在全球有 49 家办公室，每个案件承接需要填报 OA 系统，进行利益冲突检索。为了维护当事人的利益，我们在合同中增加了利冲条款进行书面告知，内容参考如下：

甲方充分知晓北京德恒律师事务所为大型律师事务所，有北京总部及各地分支机构，并已经服务于诸多客户。甲方在此确认：理解并认可本合同服务律师之外的其他德恒律师可以接受甲方（含甲方的关联方）的对方当事人其他事项的委托；理解并认可德恒律师可以接受对方当事人之外的其他方在本合同事项上的委托。

考虑到可能会存在双方签约时无法获知或签约后才新生利冲的情形，在执行本合同过程中，若发生此类情形，甲方理解并认可乙方有权做出回避的安排或解除本合同且不视为乙方违约。

甲方理解并认可本合同终止或解除后，德恒律师事务所不再承担利冲义务。乙方应建立内部防火墙并正确履行律师保密义务。

（十）争议解决

律师给客户审查合同都比较重视争议条款，故我们律师事务所的模板约定的是仲裁，即"本合同履行过程中发生争议，双方应协商解决，协商不成的，应提请成都仲裁委员会仲裁，仲裁的裁决是终局的，并对双方均具有约束力"。其他律师事务所也可以根据本所情况约定有利的管辖法院。

（十一）生效与终止

由于在婚姻家事案件中甲方是自然人，故本合同经甲方签字，乙方代表签字并加盖单位公章后生效，在乙方完成本合同第一条规定的代理任务且甲方付清代理费后自然终止。

二、代理补充协议

在签代理合同时，我们应当尽快确立委托代理关系。签订《委托代理合同》会约定基础代理费固定收费和按标的额比例收费条款，其中固定收费是实现工作目标后分期支付，而按标的额比例收费涉及"标的"市场价格的确认以及客户心态的变化。我们通常以签订《补充协议》的方式对律师费结算条款进行确定。补充协议怎么签，我们应注意以下四个方面：

（一）原合同签订信息确认

签订补充协议时，我们需要固定原委托代理合同的基本信息，如案号、签订时间、合同主体、合同编号、变更内容等。

第一，案号一致。补充协议的合同编号与原合同保持一致，我们用"京德成律民代（20××）第020××-1号"来标注。

第二，合同对应。补充协议首段要对原合同进行描述，以做好两个合同之间的衔接，侧重是对合同结算条款的变更。如"××年××月××日甲方与乙方签订京德成律民代（20××）第020××号《委托代理合同》，现甲乙双方就《委托代理合同》第五条律师代理费给付达成如下条款……"。

（二）已完成代理工作确认

补充协议第一条应对律师已完成代理工作进行描述，对已经完成工作成果进行确认。在签订补充协议时，我们需要对客户签订委托代理合同后，律师的工作内容、工作成果在合同中进行确认。如某位律师在具体时间向人民法院提起诉讼、采取了诉讼保全措施、提交了人身安全保护令申请、在法院签订了有具体案号的调解书等。

例如："第一条 乙方指派××律师提供法律服务，现经××人民法院出具20××川01××民初22××号《民事调解书》，××与××离婚纠纷案已审结。经乙方律师服务，××与××签订《民事调解书》和《离婚补充协议》，双方就离婚、抚养权、离婚财产分割等事宜达成一致意见，乙方已完成《委托代理合同》的全部法律事务内容"。

（三）原结算条款变更内容

补充协议第二条对于客户给付律师费的情况予以确认，并就双方拟变更的条款进行约定，以明确律师费给付金额、支付方式等内容。

例如："现经甲乙双方确认《委托代理合同》第五条'第一阶段诉讼代理基础服务费'人民币××元已付清。现双方协商'第二阶段代理离婚成果性服务费用'和'第三阶段代理离婚财产分割成果性服务费用'结算金额共计人民币××元（大写××万元整），自法院送达《民事调解书》之日起三日内由甲方向乙方转账支付……"。

为什么会对原结算条款进行变更？我们以房屋分割标的为例，还原客户与律师的协商过程。

在签订代理合同时，我们通常按客户实际分得财产价值5%的标准支付律师费，客户也认可合同约定标准。除非诉讼标的被出售，通常房屋是"有价无市"的状态。律师在代理离婚案件过程中，通过记录和整理咨询记录、资料清单、谈话笔录、证据材料等多次与客户确认案涉标的的房屋的市场价值。在庭审过程中，如果涉及房屋分割或补偿，法院会让双方当事人进行竞价或委托评估。律师则需要引导客户去了解和确认市场价，如通过二手房交易App了解同小区同户型房屋的交易价格、同地段房屋的平均价格、委托中介带客看房以了解真实交易价格等。若双方当事人对于房产竞价差异较大，此时难以进行判决，则通过专业评估价格确认争议房产价值。当然，当事人分割所得不一定是房产，还包括其他财产，都需要律师在沟通中去做量化，以计算费用。因此，律师需要将客户实际分得财产的价值与个案相结合进行确认，从而得出代理费的结算金额。

在诉讼过程中，有的法院在核定诉讼费时以房屋购买价确认，房屋价值相差甚远。有部分客户的心态也会发生一些变化，希望律师事务所能减免部分费用。因此，律师在工作接近尾声时，会采取与客户签订补充协议的方式尽快收回代理费尾款。

（四）发票和文书快递地址

合同、发票、法律文书等资料律师最好与客户进行当面交接，并且签收确认。案件结束后，有些客户认为与律师见面就变成了不重要、不紧急的事情，因此非常有必要在补充协议中再次明确送达条款。

律师应当在代理合同和补充协议中给客户指明沟通的要点，如发票、判决书、调解书等，也包括双方的联系方式，含微信号、邮箱、快递地址等，明确律师在收到法律文书之后以什么方式送达交付给客户。一般在案件即将结束的时候，律师与客户见面沟通的时间相对较少，选择以邮寄方式、电子传输方式则需要着重确认客户的住址或邮箱。

第二十四讲　离婚协议

当事人签订离婚协议时，往往不明白该怎么起草离婚协议才能最大限度地保障自身利益及子女的抚养问题。我们将通过律师完美版、民政登记版、法院调解版、公证确认版四种格式从各个方面细致介绍如何签订一份详尽的离婚协议。

一、律师完美版

《离婚协议》在各民政登记机关窗口都有格式示例和简要示范，且离婚协商分歧争议主要在抚养权和财产权。因此，我们结合实践经验对于离婚协议书中的重要内容进行提示。

（一）离婚确认

1. 双方称谓

在双方称谓问题上，民政局的离婚协议要求是"男方"和"女方"，而人民法院的调解书和判决书中只能是"原告"和"被告"。

2. 离婚原因

前言部分需要写明领取结婚证的时间和颁发结婚证的登记机关名称及离婚原因。中性表达为因"性格不合"导致夫妻感情破裂，而个案中律师会考量，是否需要对离婚原因写详细，如配偶与第三者同居导致夫妻感情破裂等，对后续协议不成需要依法判决时，认定感情破裂和主张离婚损害赔偿有所帮助。

例如：男女双方于××年××月××日在××市××区民政局登记结婚，现因性格不合致使夫妻感情完全破裂，无和好之可能。

3. 自愿离婚

离婚协议第一条即需明确"男女双方自愿离婚"，离婚才是后面条款关于子女抚养、夫妻共同财产分割、债务分担等约定的前提。

（二）子女抚养权、抚养费及探视权

1. 抚养权

抚养权、探视权虽然以"权"命名，实质上是父母的法定义务。离婚协议书中一般写"婚生子随某某生活，由某某抚养"，但不能写为"监护权"。因为即便离婚，双方当事人仍然是监护人，监护权不是只归一方所有。

例如：男女双方于【××】年【××】月【××】日育有一【子/女】，姓名为【××】，身份证号为【××】。【儿子】的抚养权归【女】方，随同女方共同生活。

2. 抚养费

关于抚养费的内容参见《最高人民法院关于适用〈中华人民共和国民法典〉婚姻家庭编的解释（一）》，《中华人民共和国民法典》第一千零六十七条所称"抚养费"，包括子女生活费、教育费、医疗费等。抚养费的数额，可以根据子女的实际需要、父母双方的负担能力和当地的实际生活水平确定。有固定收入的，抚养费一般可以按其月总收入的 20%~30% 给付；负担两个以上子女抚养费的，比例可以适当提高，但一般不得超过月总收入的 50%；无固定收入的，抚养费的数额可以依据当年总收入或者同行业平均收入，参照上述比例确定；有特殊情况的，可以适当提高或者降低上述比例。抚养费应当定期给付，有条件的可以一次性给付。父母双方可以协议由一方直接抚养子女并由直接抚养方负担子女全部抚养费。抚养费的给付期限，一般至子女 18 周岁为止。

在协议离婚时，具体的抚养费金额可以由双方根据子女的实际消费水平和各自的收入状况协商一致即可，无须遵循上述标准。另外，双方还应准确写明支付抚养费的具体时间，如果经协商同意每年支付一次，或者一次性支付也是可以的，同样应准确写明应支付的总金额及具体支付时间。

抚养费应支付至子女年满 18 周岁，一般可以延长至完成全日制学历的学习时止；有条件的还可以再延长，具体以双方的实际情况及子女的实际需求为准，由男女双方或者将来与成年子女协商一致即可；年满 18 周岁之后的抚养费一般可直接支付给子女本人。

例如：男方支付抚养费的标准为人民币【××】元/月，自双方领取离婚证之日起，每满【××】年，女方有权要求男方上调抚养费标准，每次上调幅度为前述抚养费的【××】，直至子女【年满18周岁/完成全日制学历】为止。

男方于每月的【××】日前支付完毕【当月】的抚养费（可按月/年/一次性支付），若男方未能依约按时支付抚养费，则需向女方支付违约金。每延迟一日，应当向女方支付违约金人民币【××】元。

因子女患病、上学实际需要超出原约定抚养费标准的部分，由【男方直接支付/男女双方各自承担一半】，若男方未能依约按时支付相应款项，应当以支付的抚养费的【20%】向女方支付违约金。

3. 探视权

具体每月或者每周安排几次探视，探视时间是否有必要固定在每周的某一天，每次的探视时间多长（从几点到几点），寒暑假是否直接约定一方可接走子女同住的最少、最多天数等，都可以由双方根据实际情况协商后在协议中约定清楚。如果探视时间具体约定到如每周星期六的上午9点到12点的，建议还应补充约定：因天气、生病等特殊情况导致当次探视无法进行的，双方另行约定探视时间。

此外，若子女不超过2周岁，男女双方应当约定探视不能过夜；若子女超过8周岁，约定探视时间应当充分尊重子女的意愿，根据子女的意愿安排时间。

关于突发情况的约定，双方本着孩子健康成长为最高原则，在孩子生病、闹情绪等特殊情况时可以灵活增加或者减少探视次数，但原则上一年不超过5次；在一方遇到出差等特殊情形时，可以将孩子交由对方临时照看，一般不超过1周时间，一年不超过3次。一方未按照约定行使探视权，每次需支付对方人民币【××】元的违约金。若一方违反探视权约定超过3次，需另支付对方人民币【××】元的违约金。

日常探视权约定，例如：

情形一：男方每月可以在不影响孩子学习、生活的情况下，探视孩子【××】次，每次不超过【××】小时/天。男方应当提前【××】日通知女方，双方协商接送孩子的具体时间及方式【寒暑假及法定节假日可另行约定】。

情形二：男方每月享有两次探视权。每月单周的周五下午由男方至孩子就读学校接其回家，下周一早上将孩子送至学校（以孩子就读学校的周末放假时间为准）【寒暑假及法定节假日可另行约定】。

情形三：依据孩子的意愿和要求，提前一周通知对方。

4. 证件交接

针对现实中存在大量的一方为了闹离婚或者争夺子女抚养权而拿走子女证件，致使子女无法正常入学、出行的情况，因此，双方可以在协议中约定清楚拿走证件的一方应限期将证件返还给享有子女直接抚养权的一方（最好在办理离婚登记前即要求返还）。如果根据双方协商的财产分割方案，享有子女直接抚养权的一方需要向拿走子女证件的一方支付补偿款或者履行其他财产交付义务的，可以将返还证件与财产交付结合起来，在协议中约定先还证件后交付财产。

例如：男方应当在领取离婚证之日起【××】日内配合女方将子女的户口迁移至女方名下，并将子女的全部证件交由女方保管，若男方未能如约完成，每延迟一日，应当向女方支付违约金人民币【××】元。

（三）财产分割

男女双方共同声明，任何一方不存在隐匿、转移、变卖、损毁等侵害夫妻共同财产的情形。如果任何一方存在隐匿、转移、变卖夫妻共同财产的，则按照法律规定对所隐匿、转移、变卖的财产重新分割，并且隐匿、转移、变卖财产一方应当另行向对方赔偿，赔偿金的标准为所隐匿、转移、变卖财产的实际价值的【50%】。如果任何一方存在损毁夫妻共同财产的，则损毁财产一方应当向对方做出赔偿，赔偿金的标准为所损毁财产的实际价值的【100%】。

1. 房产

近日，各地推出地产新政"带押过户"试点。如果房产登记在男方名下，协议房产归女方，后期变更贷款人的衔接，房屋产权登记的变更需提前咨询办理机构。律师指导签署离婚协议时，针对按揭房屋分配，一定会提醒客户离婚后如何保证能顺利过户。在设计方案时，我们建议客户在离婚同时办理公证授权委托书，即便另一方离婚后不配合或不能亲自到场，也可以通过委托授权来进行过户办理。

　　此外，房屋补偿款尽量在离婚前支付。如果变卖房产，夫妻分割房款，尽量离婚之前分割完毕。若存在房产代持情况，在离婚协议签订之前，律师需要先与房产代持人协商一致并重新签订房产代持协议。若购买房屋时存在父母出资的情况，出资行为的定性赠与或借贷应当与父母进行书面约定。

　　针对一方婚前以个人财产全款购买但婚后才取得产权证的房产，法律性质上为购买一方的婚前个人财产，离婚时如果产权不转移给对方，按理是可以不写进离婚协议的。但考虑到目前办理房屋出售、抵押登记、继承等事项时相关部门形式上是以产权证登记时间来审查房产是否属于夫妻共同财产，并以此判断个人是否有权单独处理，因此，为便利房产登记一方在离婚后各项手续的办理，避免对方不配合出具证明甚至可能再通过诉讼解决的风险，律师最好在离婚协议书中明确该房产为登记一方个人所有。

　　结合实践中常见的房产分割补偿、出售、过户、赠与、代持等情形，参考约定如下：

　　情形一：房产不过户，给予对方经济补偿。

　　登记在【男方】名下的，位于【××】市【××】区的房产（不动产证号为：【××】），离婚后该房产及房内全部家电、家具等均归【男方】所有，自双方领取离婚证之日起的剩余购房贷款全部由【男方】自行承担；【男方】就此房产向【女方】支付现金人民币【××】元的经济补偿，于双方领取离婚证之日起【××】日内一次性支付/分期支付，若男方未能依约按时支付经济补偿金，每延迟一日，应当向女方支付违约金人民币【××】元。

　　情形二：房产出售。

　　登记在【男方】名下的，位于【××】市【××】区【××】的房产（不动产证号为：【××】），双方同意于领取离婚证之日起【××】日内共同出售该房产，并就售房所得全部款项在扣除银行贷款、各项税费（如有）之后的剩余金额进行【平均分割】，双方对第三人支付售房款的方式及日期具有知情权，男方于【具体收款日期】每收到一笔售房款后的【××】日内支付给女方当次收款金额的50%，男方未能依约按时支付经济补偿金，每延迟一日，应当向女方支付违约金人民币【××】元。

情形三：房产过户。

登记在【男方】名下的，位于【××】市【××】区【××】的房产（不动产证号为：【××】），双方同意此房屋归【女方】所有，剩余贷款由【女方】承担，房屋自离婚之日起交付【女方】，男女双方应在此房产符合办理房屋转移登记手续之日起【××】日内办理过户登记手续。若男方未按照约定办理过户登记，每延迟一日，应当向女方支付违约金人民币【××】元。

情形四：赠与子女。

登记在【男方】名下的，位于【××】市【××】区【××】的房产（不动产证号为：【××】），双方同意此房屋归【儿子】所有，男女双方应在此房产符合办理房屋转移登记手续之日起/子女年满 18 周岁之日起【××】日内办理过户登记手续。若男方未按照约定办理过户登记，每延迟一日，应当向女方支付违约金人民币【××】元，若男方擅自将房产转卖给第三人，应当向女方支付房屋实际价值作为赔偿，并另行支付房屋实际价值的【20%】作为违约金。

情形五：房产代持。

经男女双方确认，曾与【代持人姓名】签订房产代持协议，约定双方实际出资的位于【××】市【××】区的房产（不动产号为：【××】）由于【代持原因】登记在【代持人姓名】名下，双方同意将此房屋归【男方】所有，并与【代持人姓名】重新签订代持协议，双方对此房产的处置均无异议。

2. 车辆

车辆分割条款应写明车辆是登记在谁的名下、车辆品牌、车牌号码、发动机号码以及具体分割方案。有多辆车辆的，律师应分别列明。

根据原《中华人民共和国物权法》第二十四条①"船舶、航空器和机动车等物权的设立、变更、转让和消灭，未经登记，不得对抗善意第三人"规定，机动车物权的设立采用登记对抗原则，即登记不是取得机动车物权的必要条件，只是具有对抗善意第三人的效力。另外，《公安部关于确定机动车所有权人问题的复函》《公安部关于机动车财产所有权转移时间问题的复函》《最高人民法院关于执行案件中车辆登记单位与实际出资购买人不一致应如何处理问题

---

① 《中华人民共和国民法典》第二百二十五条："船舶、航空器和机动车等的物权的设立、变更、转让和消灭，未经登记，不得对抗善意第三人。"

的复函》等意见规定：公安机关办理的机动车登记是准予或者不准予机动车上道路行驶的登记，不是机动车所有权登记。公安机关登记的车主，不宜作为判别机动车所有权的依据。

由于目前多个城市都施行了机动车限购政策，离婚协议书中有关车辆过户的约定在办理完毕离婚登记手续后可能无法操作，车辆登记一方无法成功将车辆过户至不具备购车指标的一方。因此，我们建议在办理离婚登记手续之前先向当地交管部门咨询配偶间车辆过户的政策，在政策允许的情况下，尽量于办理离婚登记手续前就将车辆过户完毕，然后再根据最终的车辆登记情况，在协议中表述清楚车辆的分割方案。

结合实践中常见的车辆分割补偿、出售、过户、赠与、代持等情形，参考约定如下：

情形一：车辆不过户，给予对方经济补偿。

登记在【男方】名下的一辆【××】牌【轿车】（车牌号为：【××】，发动机号为：【××】），离婚后归【男方】所有，【男方】就此车辆向【女方】支付现金人民币【××】元的经济补偿，于双方领取离婚证之日起【××】日内一次性支付完毕/分期支付，每延迟一日，应当向女方支付违约金人民币【××】元。

情形二：车辆过户。

登记在【男方】名下的一辆【××】牌【轿车】（车牌号为：【××】，发动机号为：【××】），离婚后车辆归【女方】所有，男女双方应在此车辆符合办理车辆转移登记手续之日起【××】日内办理车辆过户。若男方未按照约定办理过户登记，每延迟一日，应当向女方支付违约金人民币【××】元。

情形三：车辆代持。

经男女双方确认，曾与【代持人姓名】签订车辆代持协议，约定双方实际出资的一辆【××】牌【轿车】（车牌号为：【××】，发动机号为：【××】），由于【代持原因】登记在【代持人姓名】名下，双方同意将此车辆归【男方】所有，并与【代持人姓名】重新签订代持协议，双方对此车辆的处置均无异议。

情形四：车辆车牌限额的特别约定（以上海牌照为例）。

双方一致确认，将【男方】名下一辆【××】牌【轿车】（车牌号为：【××】，发动机号为：【××】）连带车牌（车辆额度流转名额）过户给【女方】，已于【××】年【××】月【××】日办理完毕，双方对该车辆的处置均无异议。

3. 现金及存款、住房公积金、养老保险金、特殊身份款项

离婚协议书中经常出现"各自名下的财产归各自所有"的规定，如果在离婚时一方当事人并不知悉另一方的财产状况，即使离婚后发现另一方转移、隐匿财产，会因为有该条款的约定为维权造成困难。我们建议写明各类存款住房公积金、养老保险金、人转业安置费等特殊身份获得的现金款项在协议中列明款项、金额、分配比例、违约责任等具体内容。参考示范如下：

双方共同确认：男方名下现有现金及存款人民币【××】元，未提取的住房公积金余额人民币【××】元，养老保险金余额人民币【××】元；女方名下现有现金及存款人民币【××】元，未提取的住房公积金余额人民币【××】元，养老保险金余额人民币【××】元。双方同意在离婚后对前述双方名下的现金及存款、住房公积金、养老保险金总额按照男方【××】%、女方【××】%的比例进行分割，于双方领取离婚证之日起【××】日内一次性分割完毕，如有违约行为，违约方每延迟一日，应当向对方支付违约金人民币【××】元。

4. 基金/理财产品/股票

《最高人民法院关于适用〈中华人民共和国民法典〉婚姻家庭编的解释（一）》第七十二条规定，夫妻双方分割共同财产中的股票、债券、投资基金份额等有价证券以及未上市股份有限公司股份时，协商不成或者按市价分配有困难的，人民法院可以根据数量按比例分配。参考示范如下：

【男方】在【××】开立的【××】账户及该账户中对应的财产价值在离婚后归【男方】单独所有，【男方】就此向【女方】支付人民币【××】元的经济补偿，于双方领取离婚证之日起【××】日内一次性支付完毕，若男方未能依约按时支付经济补偿金，每延迟一日，应当向女方支付违约金人民币【××】元。

【男方】凭借身份证在【××】【××】【××】开立的股票账户（户头详细信息）中所持有的股票及对应的财产价值在离婚后归【男方】所有，【男方】就

此向【女方】支付人民币【××】元的经济补偿，于双方领取离婚证之日起【××】日内一次性支付完毕，若男方未能依约按时支付经济补偿金，每延迟一日，应当向女方支付违约金人民币【××】元。

5. 股权

《最高人民法院关于适用〈中华人民共和国民法典〉婚姻家庭编的解释（一）》第七十三条至第七十五条对人民法院审理离婚案件，涉及分割夫妻共同财产中以一方名义在有限责任公司的出资额、分割夫妻共同财产中以一方名义在合伙企业中的出资、分割夫妻在该个人独资企业中的共同财产的具体规定。非股东配偶成为股东的流程需要按照《中华人民共和国公司法》规定进行，若非股东配偶一方无法成为股东，则股东配偶方按照情形一约定给予对方经济补偿。

以有限责任公司股权分割为例，结合实践中常见的股份分割补偿、转让、代持等情形，参考约定如下：

情形一：不转让股权，给予对方经济补偿。

【男方】持有的【公司名称】的【××】%股权，在离婚后归【男方】所有，【男方】就此向【女方】支付人民币【××】元的经济补偿，于双方领取离婚证之日起【××】日内一次性支付完毕。若男方未能依约按时支付经济补偿金，每延迟一日，应当向女方支付违约金人民币【××】元。

情形二：股权转让。

【男方】持有的【公司名称】的【××】%股权，现按约定进行分配，【男方】持有【××】%，【女方】持有【××】%，【男方】于双方领取离婚证之日起【××】日内办理股权转让登记，若男方未按照约定办理股权转让登记，每延迟一日，应当向女方支付违约金人民币【××】元。

情形三：股权代持。

经男女双方确认，曾与【代持人姓名】签订股权代持协议，约定双方实际出资的【公司名称】的【××】%股权由于【代持原因】登记在【代持人姓名】名下，双方同意将此股权归【男方】所有，并与【代持人姓名】重新签订代持协议，双方对此股权的处置均无异议。

6. 保险

《最高人民法院关于适用〈中华人民共和国民法典〉婚姻家庭编的解释（一）》第八十条规定的"离婚时夫妻一方尚未退休、不符合领取基本养老金条件，另一方请求按照夫妻共同财产分割基本养老金的，人民法院不予支持；婚后以夫妻共同财产缴纳基本养老保险费，离婚时一方主张将养老金账户中婚姻关系存续期间个人实际缴纳部分及利息作为夫妻共同财产分割的，人民法院应予支持"，就是针对养老金账户中个人实际缴纳部分及利息的分割。

此外，婚后购买商业保险的，在婚姻关系存续期间以共同财产缴纳保险费，有可能是为自己投保、为配偶投保、为子女投保，其法律性质不同。对于商业保险的财产权益，参考约定如下：

情形一：婚后购买，给予一方经济补偿。

双方在婚姻存续期间以【男方】作为投保人，以【男方】作为被保险人，保单号【××】的保险，由【男方】继续留用并单独承担后续保费，【男方】于双方领取离婚证之日起【××】日内向【女方】支付保险的现金价值人民币【××】元的【50】%作为经济补偿，若男方未能依约按时支付经济补偿金，每延迟一日，应当向女方支付违约金人民币【××】元。

情形二：为子女购买的保险。

双方在婚姻存续期间为子女购买的保险【保险信息】，双方一致同意由【女方】承担后续保费，【男方】就此向【女方】支付人民币【××】元的经济补偿，于双方领取离婚证之日起【××】日内一次性支付完毕。若男方未能依约按时支付经济补偿金，每延迟一日，应当向女方支付违约金人民币【××】元。

7. 古玩、字画、艺术品、收藏品、奢侈品等

因古玩、字画、艺术品、收藏品、奢侈品等财产价值较高，可以在离婚协议书中约定清楚，参考约定如下：

情形一：（以字画为例）【男方】婚内购买的两幅字画，【出自××的山水图】归【男方】所有，【出自××的花卉图】归【女方】所有，已于签订离婚协议之前交付完毕，双方对两幅字画的处理均无异议。

情形二：（以字画为例）【男方】婚内购买的字画归男方所有，【男方】就此向【女方】支付人民币【××】元的经济补偿，于双方领取离婚证之日起【××】日内一次性支付完毕。若男方未能依约按时支付经济补偿金，每延迟一日，应当向女方支付违约金人民币【××】元。

当夫妻共同财产在《离婚协议》中列明后，双方根据实际情况考虑是否需要增加兜底条款。例如：双方各自名下的其他财产、私人生活用品及首饰归各自所有，在任何时候均互不要求分割。

（四）夫妻共同债权债务

双方共同声明无隐匿夫妻共同债权或者伪造夫妻共同债务的情形。如果一方存在隐匿夫妻共同债权的情形，则按照法律规定对所隐匿的夫妻共同债权重新分割，并且隐匿一方应当另行向对方做出赔偿，赔偿金的标准为所隐匿债权的金额的【50】%。如果一方伪造夫妻共同债务，则伪造一方应当向对方做出赔偿，赔偿金的标准为伪造债务的金额的【100】%。

1. 共同债权

情形一：男女双方无共同债权。

情形二：共同债权。

经双方确认，曾以男方的名义于【××】年【××】月【××】日出借人民币【××】元，【债务人身份信息】，该债权男女双方平均分割，各占 50%，并书面通知债务人。

2. 共同债务

双方在婚姻关系存续期间以【男方】的名义于【××】年【××】月【××】日因【买房/买车（借款原因）】向【债权人姓名】借款人民币【50】万元，约定在【××】年【××】月【××】日前归还，该债务由【男方】个人承担。

双方共同确认无其他共同债务，如各自名下有债务，则各自名下债务由各自承担。如经法院判决或调解等司法途径确认一方确需对外共同承担另一方的债务的，则在偿还债务后有权就己方承担的全部债务向另一方追偿，另一方应在收到通知后的【××】日内一次性支付完毕，若被追偿一方未能依约按时支付经济补偿金，每延迟一日，应当向追偿方支付违约金人民币【××】元。

（五）离婚后续事项

1. 户口迁出

关于女方户口迁出，鉴于目前男、女双方的户口共同登记于同一户口簿，【男方】为户主，【女方】同意在双方领取离婚证之日起【××】日内将户口迁出，若女方未按照约定办理手续，每延迟一日，应当向男方支付违约金人民币【××】元。

2. 子女姓氏

《中华人民共和国民法典》第一千零一十六条规定：自然人决定、变更姓名，或者法人、非法人组织决定、变更、转让名称的，应当依法向有关机关办理登记手续，但是法律另有规定的除外。给子女改名，需要原夫妻双方协商一致，并需要书面同意的证明材料。如果子女满八周岁，还需要征求其意见。改名需要监护人携带户口本、身份证、离婚证等材料到户籍所在地公安机关办理，需经父母双方签字确认。单方无权给子女改姓更名。

关于子女姓氏，参考约定如下：

情形一：变更子女姓氏。

双方协商一致，【男方】同意将儿子姓氏变更为女方姓氏，【男方】在双方领取离婚证之日起【××】日内协助办理相关手续，若男方未按照约定办理手续，每延迟一日，应当向女方支付违约金人民币【××】元。

情形二：不变更子女姓氏。

双方协商一致，子女的姓氏不变更，依旧为【男方】姓氏，若女方擅自变更孩子的姓氏，女方应当向男方支付违约金人民币【××】元。

（六）生效条款

民政部门办理离婚登记，需在工作人员面前现场签订离婚协议。离婚协议自双方签字并在婚姻登记机关领取离婚证之日起生效。离婚协议一式三份，婚姻登记机关存档一份，双方各执一份，均具有同等法律效力。

二、民政登记版

根据《中华人民共和国民法典》规定，夫妻双方自愿离婚的，应当签订书面离婚协议，并亲自到婚姻登记机关申请离婚登记。离婚协议应当载明双方自愿离婚的意思表示和对子女抚养、财产以及债务处理等事项协商一致的意见。我们前面介绍的离婚协议已经非常详细，现结合民政部门的关注点提示三点：

（一）称谓

我们签署协议一般称谓都是甲方、乙方，监护协议的当事人则是委托人、受托人、监督人。离婚协议的当事人必须为"男方"和"女方"，不能是甲方、乙方。

（二）离婚原因

男女双方能够共同前往民政部门办理离婚登记，说明双方尚能沟通，不论真实的离婚原因是什么，在草拟离婚协议时通常都会表达为"因性格不合"导致夫妻感情彻底破裂。

《中华人民共和国民法典》第一千零九十一条关于"离婚损害赔偿"规定，如果是因为重婚、与他人同居、实施家庭暴力、虐待、遗弃家庭成员、有其他重大过错导致离婚的，无过错方有权请求损害赔偿。《最高人民法院关于适用〈中华人民共和国民法典〉婚姻家庭编的解释（一）》第八十九条规定："当事人在婚姻登记机关办理离婚登记手续后，以民法典第一千零九十一条规定为由向人民法院提出损害赔偿请求的，人民法院应当受理。但当事人在协议离婚时已经明确表示放弃该项请求的，人民法院不予支持。"

因此，我们建议在协商离婚时如果能将离婚原因写入离婚协议，一是后续是否主张"离婚损害赔偿"无过错方有主动权；二是即使签订《离婚协议》后因故未解除婚姻关系，该协议具有证据作用。

（三）抚养权

在民政局办理离婚登记，关于抚养权的表述为"男方与女方离婚后，婚生子某某随女方生活由女方抚养"。

三、法院调解版

（一）监护责任

《中华人民共和国民法典》规定，父母是未成年子女的监护人。"监护权"与"抚养权"不是同一个概念。监护权基于亲权而产生，双方对子女的监护权是平等的，父母对子女的监护权不受父母之间婚姻关系解除的影响。无论离婚与否，父母双方都对孩子有监护权和承担监护人义务。

（二）抚养权

离婚后，子女无论由父或母直接抚养，仍是父母双方的子女。离婚后，父母对于子女仍有抚养和教育的权利及义务。夫妻离婚以后，确定的是直接抚养人和非直接抚养人，子女抚养权对父母来说既是一种权利，也是一种法定义务。父母离婚之后争夺的是子女的抚养权而不是监护权，丧失抚养权的一方仍然对子女拥有法定监护权。

（三）抚养费期限

法院判决抚养费一般支付至年满 18 周岁。因民事调解书是基于夫妻双方的离婚协议进行确认，则抚养费的给付期限不违反法律法规禁止性规定，法院会尊重双方约定，如给付至婚生女某某独立生活时止，或者支付至 22 周岁止。

（四）探视权

在民政局登记版本的离婚协议书中，双方可以就探视权约定得较为详细，然而在法院民事调解书中通常只是概括表达。例如：在不影响婚生子女学习、生活的情况下，××享有探视权；又如，婚生子每月随被告××生活两次，每次时间为两天，其中寒假期间婚生女随被告生活时间不少于 7 天，暑假期间婚生女随被告××生活时间不少于 15 天。

（五）权属清晰

民事调解书中通常不会确认离婚协议的违约责任条款，需明确每项财产归谁所有，如果某项财产判决给男方需要变更登记的，则调解书会明确在××日期前女方需要协助男方办理该财产所有权变更的手续，因过户产生税费由××承担，以避免再次发生争议。

四、公证确认版

当事人双方签订的离婚协议，因涉及第三人财产利益或权益处分的内容，律师会建议当事人就离婚协议进行公证后再去民政部门办理离婚登记。

（一）实质审查

在公证处申请"离婚协议"公证事项，需夫妻双方作为申请人，公证词上一般会载明：经查，当事人经协商一致签订了前面的《离婚协议书》，双方在订立协议时均具有法律规定的民事权利能力和民事行为能力，双方订立离婚协议书的意思表示真实。依据上述事实，兹证明××与××于××年××月××日来到本公证处，在本公证员的面前，签订了前面的《离婚协议书》，双方的行为符合《中华人民共和国民法典》第一百四十三条（通用条款）、第××条（具体条款）的规定，协议内容符合相关法律的规定，该协议书上双方的签名、捺印均属实。

（二）生效条款

根据《最高人民法院关于适用〈中华人民共和国民法典〉婚姻家庭编的解释（一）》第六十九条"当事人达成的以协议离婚或者到人民法院调解离婚为条件的财产以及债务处理协议，如果双方离婚未成，一方在离婚诉讼中反悔的，人民法院应当认定该财产以及债务处理协议没有生效，并根据实际情况依照民法典第一千零八十七条和第一千零八十九条的规定判决"规定，如果双方当事人签订离婚协议后未成功解除婚姻关系，则该离婚协议涉及财产分割条款未生效。

因此，在公证处签订的《离婚协议》应当增加生效条款。例如，本协议一式几份，自婚姻登记机关颁发《离婚证》之日起生效，男、女双方各执一份，婚姻登记机关存档一份，公证机关存档一份。

第二十五讲　补充协议

在离婚协议处分的房屋、股权等财产涉及产权瑕疵或家庭共有财产，如未取得房产证、房屋借名登记、拆迁安置协议分割等情况，则需要签订《离婚补充协议》。这里用两个案例来拆解离婚补充协议的运用。

一、产权瑕疵

女方起诉男方离婚，要求婚生子由女方抚养，并要求依法分割夫妻共同财产。一套大房屋是女方与男方母亲共有，另一套小房屋系夫妻共同财产出资但尚未办理房产证。女方希望登记在其名下60%的大房屋份额全部归自己，后续可以将产权份额赠与女儿，另外还有一些财产权益的分割。本案通过离婚诉讼、离婚调解、补充协议三个环节，实现女方诉求。

（一）离婚诉讼

女方提起离婚诉讼，法院将围绕离婚、子女抚养、夫妻共同财产分割和债务分配进行审理。女方在起诉时的诉讼请求与双方达成的离婚协议内容有较大差距，一些具体诉求很难通过判决达成。因此，律师在起草法律文书时，将法院调解书能够确认的内容写入《离婚协议》，不能被确认的内容通过签订《离婚补充协议》进行明确。《离婚补充协议》是《离婚协议》的补充约定，与《离婚协议》具有同等法律效力。为衔接离婚诉讼，《离婚补充协议》开篇须载明男女双方的结婚登记时间，因夫妻感情破裂，××就离婚一事诉至××区人民法院，案号：××号。

（二）离婚调解

《离婚补充协议》需载明××年××月××日，男女双方在人民法院主持下就离婚相关事宜达成一致意见。现双方就法院调解书未尽事宜达成相关协议，共同遵守。

（三）补充协议

补充协议内容大多数因为涉及处分第三人利益，无法载入民事调解书和公证版的离婚协议书，补充协议对双方来说是"君子协议"，有可能相关条款无效，但即使"补充协议"无效，仍是重要证据，就化解矛盾、自愿履行、预防纠纷具有重要作用。

（1）房屋份额。例如，女方与男方母亲共有一套住宅，其中登记在女方名下60%份额为夫妻共同所有，现双方约定该房屋的60%份额归女方所有。该房屋60%份额在女儿年满22周岁后至结婚前，由女方以赠与的方式过户给女儿，女方保留永久居住权；女方若置换同等价值的房屋，置换后的房屋在女儿年满22周岁后至结婚前，由女方以赠与的方式过户给女儿，女方保留永久居住权。男方的母亲应在离婚协议生效后两个月内搬离该房屋。

（2）合伙份额。例如，在婚姻关系存续期间，夫妻双方以女方名义与李××等人合伙经营的"××店"，女方持有1/3的合伙份额，离婚后该合伙权益由女方享受权利并承担义务。

（3）股权代持。例如，女方与男方姐姐签署《委托投资确认书》，男方姐姐投资××公司股金600万元（陆佰万元整），其中100万元为受女方委托男方姐姐代持股份，该款项系男方与女方的夫妻共同财产出资。离婚后，男方姐姐代持的××股份归女儿单独所有。

（4）第三人行为。例如，本协议签订之前，由男方提供公司各股东同意男方及其代持人××的股权全部转让给女方的书面同意函或放弃股份优先购买权声明，以及办理变更登记手续相关的《章程》《股东会决议》《股权转让协议》等相关资料。离婚后 60 日内，由男方协助女方完成股权变更登记手续。

二、家庭共有

家庭共有财产比较常见的情形出现在拆迁安置、继承等情形中。男女双方结婚之后遇到拆迁，户主系男方母亲，某公司与户主签订《征地拆迁现房安置协议书》，以家庭成员六人计算，共安置三套房屋。由于安置协议中的三套房屋属于六个家庭成员共有，家庭成员之间未分割析产，男方与女方协商离婚时就安置房分割遇到困难。

（一）析产协议

六位家庭成员包括男方母亲及其两任丈夫、男方女方及其孩子。律师根据家庭成员的情况，拟定《拆迁安置房屋分割协议》，六方当事人共同确认家庭成员关系和拆迁安置事实，并就三套住宅分配方案达成一致。该三套房屋后续具备办理不动产登记证书条件时，由男方及其母亲负责办理产权登记，其他人按产权登记相关要求提供协助。律师通过《拆迁安置房屋分割协议》明确了男女双方及其子女的产权份额。

（二）离婚协议公证

男方与女方协议离婚并达成共识，因夫妻共同财产是《征地拆迁现房安置协议书》和《拆迁安置房屋分割协议》中的财产权益，离婚后如果男方后悔，则女方需要另行提起诉讼确认协议效力并主张相关权益。因此，男女双方申请公证处就《离婚协议书》进行公证，增加离婚生效条款内容，并在公证员面前签署协议。

（三）民政登记

男女双方领取《公证书》后再前往婚姻登记处办理离婚登记。双方离婚后按《离婚协议书》《拆迁安置房屋分割协议》约定内容履行，各自开始新的生活。

因继承形成的财产共有也较为常见。男方父母去世后留有一套房屋，男方享有20%的产权份额。因父母未留有遗嘱，则在婚姻关系存续期间继承的财产有一半属于女方，即该房产份额的10%属于女方。双方在离婚时商议，该房屋变卖后男方分得款的50%由女方及其女儿享有，因此涉及该财产的分配情况也需要通过离婚补充协议实现。

第二十六讲　财产约定

我们在代理离婚诉讼的过程中有一种情形是当事人不离婚了，如果一方在婚内确有过错又想回归家庭，则签订夫妻财产约定相关协议为双方"离婚和谈"创造条件。这里的财产约定，更侧重于夫妻共同财产的确认和离婚损害赔偿条件的约定。如果后续过错方屡教不改，无过错方既能保留证据，也不会丧失财产权益。

我们还是通过一个案例来拆解，对于包含离婚损害赔偿内容的财产约定如何签订协议和谈判。男女双方婚前感情较好，因孩子出生后女方回父母家居住，便于女方父母协助带娃，因为工作原因男方与女方聚少离多。女方发现男方与第三者的暧昧聊天记录，但未掌握实质性的"过错"证据，女方提起离婚诉讼。通过调解，我们发现双方尚有调解和好的可能，另外影响夫妻感情的因素包括双方父母对小家庭投入时间和精力的失衡，女方父母为其买房养娃出钱出力，而男方则为其母亲买房出资。双方都同意签订婚内财产协议，确认夫妻共同财产和债权债务，并对于婚姻过错进行具体约定。

一、夫妻共同财产及时分割

（1）婚姻关系。男女双方于××年××月××日在××民政局登记结婚，具有合法的婚姻关系。

（2）签约目的。比较中性的表述，例如：为厘清财产关系、避免后续纠纷、保障共同生活，根据《中华人民共和国民法典》等相关法律规定，经双方充分沟通、平等协商、自愿签署，就夫妻双方目前的财产归属予以明确，订立协议如下：

如果已经发生婚姻危机，则可以写明具体事由。比如：因甲方与不同女性进行网恋，并有婚外性行为，导致夫妻感情破裂。为修复感情，加强理解，促进家庭生活和睦，双方自愿签署相关协议。

（3）财产确认。男方与女方就婚姻存续期间取得的财产做出明确确认，例如：

①房屋：坐落于××，房产证号为××，建筑面积为_____平方米的商品房一套，为双方婚后共同购买，属于夫妻共同财产，由双方共同使用和居住；

②汽车：户名登记为××方的××牌××型号轿车一部，为双方婚后共同购买，属于夫妻共同财产，由双方共有；

③银行存款：户名为××方的××银行存款人民币（大写）_____元（CNY××）为甲乙双方婚后共同储蓄，属于夫妻共同财产，由双方共有；

④其他共同财产：双方为建立家庭共同出资购置的财产归双方共同共有，包括：××。

也可以约定上述财产在婚姻关系存续期间属于女方个人财产。

案例中，男女双方的夫妻共同财产为两套住宅，均未办理产权证书，两套房屋均有按揭。女方没有掌握两套房屋的购房合同、贷款合同、产权登记等具体证据。因此，借签订财产协议的机会，女方向男方索取购房合同等信息，将房屋"共同共有"约定为"按份共有"，即女方70%、男方30%。

（4）代持确认。因女方对于男方为其母亲出资买房的细节并不知情，也未见购房政策与合同。就女方了解的情况，住宅属于男方母亲单位的福利房，房款是小两口出资登记在母亲名下，为母亲改善住房条件，男方母亲曾承诺母亲百年之后将房产留给孙女，但该事实部分没有任何书面证据。

因此，我们在设计条款时拟定为："该房屋虽然以男方母亲××名义签订购房合同并登记在××名下，实际为男方与女方的夫妻共同财产。男女双方与××协商一致，该房屋属于代持性质，由××本人永久居住，××通过立遗嘱方式将此房屋赠与孙女××"。该条款"落地"，需要男方去和母亲沟通，签订一份代持协议，并由母亲办理公证遗嘱。

二、对债务承担的约定

（一）婚前个人债务承担的约定。例如，婚前因个人原因而产生的债务由个人承担，另一方不承担任何偿还、支付的义务与责任。

（二）婚姻存续期间共同债务的约定。例如：

（1）双方如需要向他人借款用于家庭共同生活，应由双方共同书面签名方可视为夫妻共同债务，由双方共同偿还；无双方共同书面签名则视为个人债务，由个人承担。

（2）一方对外举债时必须向债权人明示夫妻之间的财产约定，该债务系一方个人债务，另一方不承担还款义务。如无明示则产生的后果由经手一方债务人自己负责，另一方不承担还款责任。

（3）双方因为共同生活所需的开支，由双方各承担一半；因为共同的利益或责任而产生的债务（包括因为共同的利益而产生的债务、因子女为非完全民事行为能力人致人损害等情况而产生的共同债务）由双方共同承担。

（三）对父母出资买房债务的约定。例如，女方父母××和××于××年××月××日出资人民币30万元，借款给男、女双方用于购买××的房屋，此笔款项为男、女双方夫妻共同债务，由双方共同偿还，期限为该协议签订起5年内还清。该条款的"落地"，完美版需要男方与女方向女方父母签署借条或补签协议，通过夫妻财产约定中对该笔债务的确认，一旦发生纠纷该协议对于女方父母具有"证据"效力。

三、离婚损害赔偿具体情形

我国离婚损害赔偿是指因夫妻一方的重大过错致使婚姻关系破裂的，过错方应对无过错方的损失予以赔偿的法律制度。离婚损害赔偿制度的目的，是对无过错方受到损害的合法权益予以补偿和救济，让过错方受到应有的惩罚。

首先，对《中华人民共和国民法典》实施后"离婚损害赔偿"相关规定进行梳理。

《中华人民共和国民法典》完善了我国离婚损害赔偿制度，《中华人民共和国民法典》第一千零九十一条规定有下列情形之一导致离婚的，无过错方有权请求损害赔偿：①重婚；②与他人同居；③实施家庭暴力；④虐待、遗弃家庭成员；⑤有其他重大过错。《中华人民共和国民法典》在原《中华人民共和国婚姻法》规定的四种情形之外增加了兜底条款，即"有其他重大过错"的也可以请求离婚损害赔偿。

其次，通过对案例进行检索和研讨，以下八种情形可以作为"有其他重大过错"。

（1）与他人长期发生不正当男女关系。与同居情形相区别，该种情形虽然未与他人"持续、稳定地共同居住"，但从情理来看，长期或者多次与第三者（不限定为一人）发生婚外情、外遇，甚至嫖娼等行为，对配偶和家庭造成的伤害，并不亚于与他人同居所造成的伤害。

（2）配偶一方与他人发生关系并生育子女，但未达到重婚或同居程度。配偶一方在婚姻关系存续期间发生外遇并生育子女，这类行为同样严重违反夫妻忠实义务且对配偶造成较大伤害，可以认定为"重大过错"。

（3）配偶一方在不知情的情况下对另一方与他人生育的子女进行抚养。婚姻关系存续期间，夫妻之间互负忠实的法定义务，夫妻一方隐瞒事实，另一方在不知情的情况下抚养他人子女，势必造成巨大的精神伤害，可以认定为"重大过错"。

（4）配偶一方是同性恋且影响夫妻正常生活。根据现行法律规定，无论是重婚还是同居，第三者都指向异性。然而，随着社会的发展，同性恋也成为夫妻感情破裂的重要因素之一，但同性恋问题未被现行法律师事务所规制。如婚前隐瞒同性恋的身份，影响正常夫妻生活，势必造成精神伤害，可以认定为"重大过错"。

（5）侮辱、诽谤家庭成员，情节严重的。除"家庭暴力""虐待家庭成员"之外，侮辱、诽谤家庭成员，情节严重的，如长期、多次或者在公众场合侮辱、诽谤，造成严重精神损害，导致一定后果的（抑郁等精神疾病），可以认定为"重大过错"。

（6）猥亵、强奸家庭成员等违法犯罪的。与"家庭暴力""虐待家庭成员"相区别，此种行为不在这种情形范围之内，但严重侵害家庭成员的人身权利，且明显违反家庭义务和公序良俗，可以认定为"重大过错"。

（7）有吸毒、赌博等恶习，严重影响正常家庭生活的。吸毒、赌博等恶习能够引发一系列的个人及家庭问题，如果这些恶习严重影响家庭生活，如不务正业，不尽家庭义务，变卖、损毁、挥霍夫妻共同财产的，可以认定为"重大过错"。

（8）基于一方重大过错，导致另一方感染严重疾病的。一方因不正当男女关系或者吸毒等原因，感染疾病（如艾滋病）并传染给配偶，导致配偶严重损害的。

再次，根据《最高人民法院关于适用〈中华人民共和国民法典〉婚姻家庭编的解释（一）》第八十六条至第九十条的规定，关于离婚损害赔偿的内容总结如下：

（1）赔偿范围，即物质损害赔偿和精神损害赔偿。

（2）责任主体，即为离婚诉讼当事人中无过错方的配偶。

（3）前提条件。离婚损害赔偿以离婚为前提，判决不准离婚的案件，对离婚损害赔偿请求不予支持；婚姻关系存续期间，单独提起离婚损害赔偿请求的，不予支持。

（4）告知程序。法院受理离婚案件时，应当书面告知当事人，应当区分不同情况。比如，无过错方作为原告，应在离婚诉讼的同时提出。又比如，无过错方作为被告，如果不同意离婚也不基于该条规定提起损害赔偿请求的，可以就此单独提起诉讼；一审时被告未提出损害赔偿请求，二审提出应当进行调解，调解不成的告知当事人另行起诉；双方当事人同意由第二审人民法院一并审理的，第二审人民法院可以一并裁判。取消了"离婚后一年内另行起诉"的时间限制。

（5）协议离婚。当事人在婚姻登记机关办理离婚登记手续后向人民法院提出损害赔偿请求的，人民法院应当受理；但当事人在协议离婚时已经明确表示放弃该项请求的，人民法院不予支持。取消了协议诉讼"在办理离婚登记手续一年后提出的"的时间限制。

（6）均有过错。夫妻双方均有过错情形，一方或者双方向对方提出离婚损害赔偿请求的，人民法院不予支持。

最后，我们拟入协议的参考条款如下：

若一方出现以下情形导致夫妻婚姻关系破裂的，应对另一方承担损害赔偿责任：

（1）重婚或者与他人同居的。

（2）对另一方实施家庭暴力或虐待、遗弃的。

（3）有赌博、吸毒、嫖娼等恶习经劝说仍然屡教不改的。

（4）因一方原因经常夜不归宿，故意不履行夫妻同居义务的。

（5）因一方与异性网上聊天，言辞暧昧，超越同事及普通朋友关系的行为。

（6）其他因过错导致夫妻感情破裂的情形，包括但不限于：①与他人长期发生不正当男女关系；②配偶一方与他人发生关系并生育子女，但未达到重婚或同居程度；③配偶一方在不知情的情况下对另一方与他人生育的子女进行抚养；④配偶一方是同性恋且影响夫妻正常生活；⑤侮辱、诽谤家庭成员，情节严重的；⑥猥亵、强奸家庭成员等违法犯罪的；⑦有吸毒、赌博等恶习，严重影响正常家庭生活的；⑧基于一方重大过错，导致另一方感染严重疾病的。

四、离婚损害赔偿责任约定

（1）过错方损害赔偿责任。例如，若上款所述情况发生，过错方同意按照以下约定承担损害赔偿责任：

①坐落于××，房产证号为××，建筑面积为××平方米的商品房一套归无过错方所有，过户手续应在双方婚姻关系正式解除之日起××日内办理。

②双方共同所有的户名登记为××方的××牌××型号轿车一部归无过错方所有，过户手续应在双方婚姻关系正式解除之日起××日内办理。

（2）过错方少分或不分。例如，若上款所述情况发生，过错方同意少分或不分夫妻共同财产，即过错方按照不超过夫妻共同财产总额30%的标准分配财产。

五、关于子女抚养费用的约定

如果生育子女，子女的抚养费用以及生活费、教育费、医疗费用等按照实际开支，由双方各承担一半。

第二十七讲　分居协议

在诉讼过程中，双方既有分开的意愿，又未完全做好离婚的准备，签署《分居协议》可以实现"离婚冷静期"功能。如果经过分居，双方愿意调整相处的模式继续经营婚姻，可以解除分居恢复婚姻生活；如果经过分居，双方适应了分开的生活，即可以参照《分居协议》拟定《离婚协议书》，共同前往民政部门办理离婚登记手续；如果经过分居，双方对是否离婚并未达成一致意见，则《分居协议》就是一份证据，可以证明分居事实和子女抚养的状况，便于在离婚诉讼中查明感情是否破裂和子女抚养、财产状况等案件事实。因此，《分居协议》草拟的重点在于确定分居事实、确认共同财产和债务的状态、确认分居期间子女抚养探视权、确认其他财产的预安排情况。

一、确定分居事实

分居事实的确定可以参考以下要素，如分居原因、分居时间、住所安排等：

（1）分居原因。男女双方于××年××月××日登记结婚，婚后于××年××月××日生育一女，名为××，年满5周岁。现因夫妻经常闹矛盾，感情不和，为缓和夫妻矛盾，双方一致同意分居两年时间，以便冷静思考婚姻之继续与否，分居满两年后依然无法和好的，双方可依据本协议离婚或依法提起离婚诉讼。

（2）分居时间。双方一致确定并认可夫妻分居自××年××月××日起至××年××月××日止。

（3）住所安排。分居期间，男方居住于××市××区××号；女方与女儿居住于××市××区××号。

二、夫妻共同财产和使用

夫妻共同财产详细列明，重点是约定分居期间财产的基本信息和实际控制状态，参考如下：

（1）房产。例如，分居前的夫妻共同财产，房屋两套，一套位于××市××区××街道××号，另一套位于××市××区××街道××号。前者归男方使用，后者归女方使用。

（2）汽车。例如，夫妻共同财产汽车两辆，分别为奔驰汽车和宝马汽车。分居期间奔驰汽车由男方使用，宝马汽车由女方使用。

（3）经营。例如，分居期间××5皇冠网店1个（年营业额约××万元人民币）、个体工商户店铺1间、现有生意净资产（服装库存、摄影器材，办公用品）约合人民币××万元，归男方经营使用。

（4）存款。存款要分别列明男方与女方名下的银行账号、证券账号等信息，列明户名、开户行、账号、余额及具体使用人。

（5）收益。例如，双方的夫妻共同财产某商业用房现用于出租，每月租金收益为××元，分居期间由女方负责管理房屋出租和管理，投资收益信息详见《租房协议》。

三、夫妻共同债务和偿还

夫妻共同债务或个人债务详细列明，重点是约定债务性质和分居期间债务偿还情况，参考如下：

（1）共同债务。例如，两人名下因经营产生的全部债务和男方个人债务由男方承担，分别为：①××贷款￥××元，网店经营货款欠款及男方个人用途贷款；②××银行信用卡，女方名下卡号：××，网店经营货款欠款￥××元；③××银行信用卡，男方名下卡号：××，欠款￥××元，为男方个人债务。

又如，女方实际居住房屋的按揭款和汽车贷款属于共同债务，分居期间由女方承担，分别为：①××区房屋贷款共计￥××元，贷款120期，每月还款￥××元；②××银行信用卡，女方名下卡号：××，欠款￥××元（含宝马车首付款），每月还款￥××元。

（2）个人债务。双方各自承担对父母的赡养义务，互不干涉。

（3）共债规则。分居后，双方均不得对外借款，如有借款则视为其个人债务。

《分居协议》中对于房屋、汽车、经营等债务清楚进行约定，便于后续进入离婚程序双方的债务分担及清算。

四、分居期间子女抚养和探视

分居期间对子女抚养和探视的约定，可以参照离婚协议的要求拟定，注意要点参考如下：

（1）抚养权。例如，男方与女方于××年分居，现就婚生子女××抚养相关问题自愿达成相关一致约定，以兹共同遵守。婚生子女××随女方共同生活……

（2）抚养费。例如，抚养费包括子女生活费、教育费、医疗费等。抚养费期限自××年××月××日起至××年××月××日止。抚养费每月××元，每月××日前男方通过支付宝账号转账支付至女方账户。大额医疗费和教育费凭票据按比例分担，男方负担60%，女方负担40%。有下列情形之一的，经男、女双方协商一致可以适当增加抚养费：①原定抚育费数额不足以维持当地实际生活水平的；②因子女患病、上学，实际需要已超过原定数额的。

（3）探望权。男、女双方可以约定行使探望权的方式和探望时间。例如，分居期间子女随女方生活，男方享有探望权，对方应当予以协助。男方每两周可探望女儿一次，每次为两天，于隔周的每周五晚接走，周日晚送回。

（4）权利义务。例如，直接抚养子女一方的权利和义务：①关爱子女，精心照顾子女生活起居；②确保子女能接受义务教育和其他教育；③维护子女的人身和财产等合法权益。不直接抚养子女一方的权利和义务：①有权按约定探望子女；②有权知悉子女的生活、学习情况；③按时足额支付抚养费；④直接抚养子女一方因特殊原因暂时无法照顾子女的，另一方应尽其所能协助其照顾子女。

五、其他事项预安排

（1）性权利。例如，分居期间相互不履行夫妻权利义务，任一方不得强制要求对方履行夫妻义务（如性生活）。

（2）扶养义务。例如，分居期间，双方享有平等的分居权利，双方暂时互不履行相互扶养之义务，但有一方丧失劳动能力等特殊情况时除外。

（3）选择权。分居期间或结束时，双方有如下选择：①双方协议自愿恢复正常夫妻关系；②双方达成离婚协议并到民政部门办理离婚登记；③双方协议不成，任一方可以据此协议到法院起诉离婚。届时本协议将视为《中华人民共和国民法典》规定的"因感情不和分居满两年的"主要证据。

第三部分
专项篇

第八单元 婚姻家事专项服务基础

专项法律服务是律师受当事人的委托，就某一单独事项提供的专门法律服务。专项法律服务的特点在于目标单一、一事一议，而委托的事项往往比较重大，需要律师付出较大的心力与体力。收费主要取决于事项的复杂程度、工作量的大小和劳动强度、律师的专业水平和客户对工作质量的要求。

在婚姻家事律师传统服务的基础上，笔者从离婚篇、继承篇、企业篇三个方面总结了 14 个专项法律服务，每个服务都是我们团队业务经验的凝聚。在第三部分，我们将婚姻家事专项法律服务分为服务人群、服务方式、服务实操、服务文书 4 个板块，在服务实操板块通过案例简介、适用人群、服务内容、服务流程、收费方式 5 个要点拆解我们是如何签单和提供服务的。

第二十八讲 专项服务人群

我们的目标客户人群可能的范围是什么？高频客户具体是哪类人群？针对不同客户我们的服务方式和收费标准如何规范与确定？这些都是婚姻家事律师需要关注的问题，现在的个案咨询以及个案代理已经不能满足客户多元化的法律服务需求。

一、离婚客户

第一类重点客户是婚姻危机客户。离婚咨询是婚姻家事业务中非常高频的咨询，如果我们把律师服务定位于代理离婚诉讼，你会发现案件转化率并不高，因为客户的需求越来越多元化。

在疑难复杂的离婚案件中，如果服务内容涉及代理离婚、诉第三者财产返还、股权确认之诉，以及海外资产调查的一系列综合性服务，我们会与客户签订专项法律服务合同，进行"一揽子"代理。疑难复杂案件毕竟是少数，但专项法律服务给了我们将婚姻危机客户作为目标群体的思路。

以婚姻危机客户为服务目标，无论其离婚与否，我们都可以为其提供专项服务；离婚之后的延伸法律服务，如单亲家事服务，该服务也是我们独创的。我们以离婚咨询为基础，拓展了以下类型的专项服务：

一是有协商基础的客户。有的客户咨询后，可以自行与配偶协商离婚，客户只需要律师提供代书服务；有的客户双方有自行沟通、协商的基础，而客户需要律师参与指导谈判或直接参与调解。

二是陷入婚姻危机的客户。因第三者插足导致感情危机的情形比较高发，有的夫妻一致对外，如委托律师进行"小三谈判服务"；有的夫妻感情并未破裂，在离婚调解的过程中选择"调解和好"；有的无过错方配偶，为了保住资产、固定证据，以退为进选择暂缓离婚。

三是离婚客户的二次开发。在代理离婚案件过程中我们经常遇见双方有不可调和的矛盾，甚至完全破裂无法挽回的情形；且客户离婚之后，最担心的是当自己身患重大疾病或突然死亡时，其未成年子女的财产监管问题。夫妻即便离婚，未获得抚养权的一方仍然是子女的监护人，在离婚后男女双方感情破裂甚至恶劣的情况下，若客户没有未雨绸缪，一旦出现风险或意外，其财产及未成年子女则可能由前夫/前妻保管和带养，甚至可能出现对未成年子女财产的侵害问题。我们针对离婚客户的专项法律服务应运而生，在成功代理完离婚诉讼后，我们承接了客户的"单亲家事"专项服务。

二、中老年人

第二类重点客户是中老年人群。我国已步入老龄化社会，法定继承纠纷连年增长，预防和解决继承纠纷成为婚姻家事业务中的经济增长点，中老年人再婚继承、同居析产引发的诉讼也不在少数。笔者办理过一起再婚老伴的遗嘱继承纠纷，80多岁的老人与配偶的子女进行了长达三年的诉讼才确定遗嘱有效并分割财产。还有一起不当得利纠纷，老人突发意外陷入昏迷，而其同居老伴趁机转移财产，经历三级法院审理，该案件出现两种对立裁判观点。

中老年人群体遭遇意外事件时，财产所在、财产范围则处于无人知晓且无人看管的地步，可能有毁损灭失或被他人转移的风险。现行法律规定下，通过财产分割的演算，独生子女不能 100% 继承其父母的财产。因此，老年群体未雨绸缪进行财产规划与分配，不仅是对自身的尊重与负责，亦是为其子女将来的财产继承做好准备。

故针对中老年人继承类专项法律服务的应运而生，我们为客户提供代书服务、遗嘱全套服务、意定监护服务、监护人信用调查、遗产管理服务等，在客户生前为其做好财产规划和监护安排，当客户过世之后还为其提供遗产管理服务、遗嘱执行服务，避免后人因析产而产生二次纠纷。

三、企业家

第三类客户是企业家客户。高净值客户的财富传承专项法律服务肯定是优质业务，但这类客户凤毛麟角。企业家客户有一个共同的特点，即他们大概率会遇到"资产混同风险"。

2020 年，我们针对夫妻共同债务风险专题进行过调研，调研范围锁定在 100 家企业。调研结果与律师团队的猜想预估不谋而合，多数企业家因"家企不分""企企不分"等资产混同现象，在企业进行债务清偿时，并非仅以企业全部财产为限承担责任，而是股东、股东配偶、实际投资人以个人资产承担连带责任。甚至在企业经营过程中，大量个人资产转变为夫妻共同财产，对债务清偿的份额争议较大。因此，企业家、投资人作为高频高危人群，具有强烈的专项法律服务需求。

笔者结合自己在股权投资领域的法律服务经验，针对企业创始人及家庭开发了"家庭风险评估报告"专项服务；创始人签署对赌协议之前可以选择我们的"家企资产隔离服务"；实际控制人在面临婚姻危机或资产混同危机时可以选择我们的"婚姻资产尽职调查"服务；创始人在面临对赌协议目标不能实现时可以选择"家庭资产保全服务"。

第二十九讲　专项服务方式

笔者的专业标签是"离婚律师"，接待最多的咨询是"离婚"，然而笔者每年代理的离婚案件并不多。笔者擅长将"离婚咨询"转化为"专项法律服务"，笔者将在这个章节给大家剖析如何做好专项法律服务。

笔者以一个婚姻危机的离婚咨询案例来分享专项法律服务的服务方式。我们的客户是一位女性，其先生从事房地产开发业务，她在家庭里是比较强势的角色。婚后，她的先生出现几次婚外情，前几次婚姻危机都已化解，而这一次的婚外情中，第三者已经怀孕五个月。怨恨、愤怒、羞愧……各种复杂的情绪交织在一起，因此客户预约了我们的离婚咨询服务。笔者在离婚咨询过程中了解到，他们的房地产公司是一个夫妻公司，经营状况不错，客户在离婚与不离婚之间纠结和摇摆，希望我们给出建议。对于感情问题，律师没有办法给出建议，但我们能给的建议是做一个专项法律服务，在专业律师的帮助下，既做好夫妻共同财产的保全，又有智慧地应对婚姻危机，给自己半年的时间再做选择。

我们推行"家事先行，定制服务"的方法，整合全所律师专业优势为客户提供优质服务，专项服务分为需求诊断、风险评估、综合方案三个步骤。

一、需求诊断

第一步，家事先行——个案风险诊断。离婚、继承等咨询由婚姻家事团队进行接待。律师通过接待记录、财产清单、需求确认三个环节呈现办理婚姻家事案件的专业度，为个案诉求提供解决方案，同时了解该客户财产现状。

（一）接待记录

我们团队的《咨询记录表》有离婚版、继承版、财富传承版等，对应着我们三类服务对象的专项法律服务。刚才这位客户是因为离婚前来咨询，对于他们的家庭信息、财产状况、离婚诉求我们已经初步了解，但现在转化为专项法律服务，我们需要帮助她进行进一步的个案诊断，即如果其先生执意要离婚，夫妻共同财产依法分割的尺度在哪里？如果女方以对方是婚姻过错方为由要多分财产，男方婚姻过错的证据是否掌握，财产是否被男方控制和转移？如果男方要回归家庭，第三者及其子女怎样善后？

《客户沟通记录表》作为专项法律服务的第一步，以面询提纲的方式，明确委托事项、重新梳理家庭信息、有无财产约定、夫妻财产的范围、夫妻共同债务、婚姻中的大事记等内容。

（二）财产清单

根据《客户沟通记录表》的梳理，客户的财产大致分为不动产、车辆、公司股权、银行存款、股票、基金、理财产品、家电家具、金银首饰、知识产权、海外资产、虚拟财产等。很多客户并不能准确地描述财产登记情况、购买价值、保管情况，这就是律师服务的价值所在。我们可以指导客户针对自己的财产固定一些证据，如不动产登记信息、购房合同和贷款合同查询复制、对方银行卡号的搜集整理等。不论离婚与否，这些夫妻共同财产的"知情权"不能缺位。有些财产比较多的或者财产登记在第三人名下的家庭，"清资核产"的工作都会花掉律师团队大量的时间和精力。

（三）需求确认

客户的需求决定了我们的工作方向、服务难易程度以及服务时间与费用。以刚才这个案子为例，客户表明的需求是"离婚"，但对于离婚又没有做好心理准备，她不会主动提出离婚诉讼，如果被动等待先生发起诉讼，也是一件不确定的事情。那客户的需求是什么？坦率地说，有的客户需求并不明确，但我们仍然需要帮助客户去聚焦需求。在此类案件中，我们凭借经验与客户进行了沟通和确认。

第一，财产保全。"夫妻共同财产的范围"是很多客户面临的难题，在未发生婚姻危机的情况下，很多客户真的不清楚自己的夫妻财产与债务状况。不论离婚与否，将"财产保全"作为第一需求适用于大部分客户。

第二，证据保全。夫妻共同财产的证据、资产转移的证据线索、婚姻过错的证据等，这些对后续的离婚调解或者婚姻修复都有积极意义。有的客户一气之下删除了聊天记录；也有的配偶以回归家庭为名，行转移资产之实，到头来人财两空的受害者也不少。

第三，离婚调和或者离婚调解。离婚与修复取决于夫妻双方的态度和现实利益的考量，如果客户考虑清楚了要离婚，后续我们可以帮助她提起诉讼和调解谈判，至少前面的财产保全和证据保全可以帮助她设立依法分割的方案；如果夫妻双方都有回归家庭的意愿，在我们离婚调和的方案中，《夫妻财产约定》等系列协议将会登场，切实维护婚姻无过错方的利益。

第四，第三者谈判。如果夫妻双方都有回归家庭、修复感情的意愿，还有两个现实的问题需要解决，即赠与第三者财产的返还和非婚生子的抚养问题，这也是专项的谈判服务。面对配偶的出轨和非婚生子，如何寻找利益的平衡点，这些决定都并不容易。

二、风险评估

第二步，家事统筹——家庭风险评估。在咨询和代理过程中，我们为客户提供家庭风险评估。家庭风险具有一定的规律性，这些风险包括刑事风险、婚姻风险、意外身故、赠与风险、代持风险、败家风险、监护风险、管理僵局、资产贬值、投资风险、消费风险、遗产税、房产税等。

（一）三个维度

分类一："资产+家庭+身份"。

对于普通的家庭而言，我们一般从资产状况、家庭关系、个人身份三个维度去做家庭风险评估。

从资产状况分析，通常会有房产或股权的代持行为、个人与企业资产混同、配偶或关联公司的连带担保责任、偷税漏税的风险、规避资金监管非法出境风险、融资对赌的风险等。

从家庭成员关系分析，通常会有夫妻离婚财产分割、再婚或同居关系、提前赠与财产和子女离婚分割、意外死亡导致的法定继承、非婚生子与重婚关系的风险等。

从个人身份关系分析，通常会有公务员财产来源不明或资产代持、海外身份双重税务征收、夫妻关系导致"夫债妻还""妻债夫还"的风险等（哪怕这样的情况较少发生，但确实存在）。

分类二："企业发展+控制权+关系变量"。

对于大中型民营企业而言，掌握了股权就掌握了未来，而股权财富更具有复杂性与专业性，价值和风险并存。对于民营企业而言，我们一般从企业发展阶段、公司治理与控制权、企业主的社会关系三个维度去做家庭风险评估。

从企业发展阶段分析，一个企业的完整周期包括初创阶段、发展阶段、成熟阶段、跃升阶段。这一维度是企业主股权财富的积累过程，在不同阶段，企业主面临的法律风险各有不同。比如，在初创阶段，是设立一人有限责任公司还是设立多个股东的公司更安全？公司注册资本是越多越好，还是逐步增资？

等等，这些问题若处理不慎，可能成为公司发展的阻碍。

从公司治理与控制权分析，企业主对公司的控制权是否安全决定了是财富还是风险。公司治理包括股东会、董事会、监事会的议事规则及控制权的安排、高管团队的约束与激励机制。对于很多企业主而言，公司还处于"夫妻档"或全家上阵、家企不分的阶段。

从企业主的社会关系分析，包括企业主的婚姻关系、二代接班关系、合伙人关系、企业债权债务关系、政商关系等，这些关系充满了"变数"。枕边人、合伙人、债权人、接班人一旦出现风险，会对股权财富带来很多麻烦和不确定性，甚至可能会导致企业主多年心血毁于一旦。

（二）共性风险

（1）刑事风险。企业发展过程中几乎所有的重要经营活动都受到刑法的约束，刑事法律风险贯穿于企业的设立至注销全过程。《中华人民共和国刑法》第一百六十五条至一百六十九条中的主体范围就包括各类企业，甚至扩大到国有单位，罪名针对所有经济成分，如融资类犯罪、税务犯罪、职务腐败类犯罪和诈骗犯罪。企业家在企业经营管理的过程中容易出现上述各种刑事法律责任，民营企业家非法融资、偷税漏税、非法用工、挪用公司财产、行贿等，频次较高的罪名依次是非法吸收公众存款罪、虚开增值税专用发票罪、职务侵占罪、合同诈骗罪和单位行贿罪、集资诈骗罪、非法经营罪、拒不支付劳动报酬罪、污染环境罪等。其中，一些经济犯罪属于目的犯，其目的在法律上被评价为主观超过要素，并不需要有客观事实与之匹配，这就导致司法实践中对目的的判断采取推定或举例，个案裁判受共性影响大。而相较于国有企业来说，民营企业的刑罚承担能力与抗风险能力较弱，更容易陷入经营危机。在司法实践中也常常因"先刑后民"的惯性思维，可能直接导致对案件定性为刑事，且当事人如果身为受害者，为了高效解决经济纠纷或含有报复心理，常常选择成本低而效率高的刑事追诉。

（2）婚姻风险。婚姻的风险不仅针对人身关系中的夫妻双方、子女抚养，也包含婚姻中财产的性质认定及分割。婚姻存续期间，可能因婚姻当事人一方或双方之原因导致婚姻无效；夫妻婚前婚内各类协议的效力，如财产性约定、涉及人身关系内容协议的效力，影响着婚姻中的各项事宜；婚姻关系的解除既包含当事人一方被宣告死亡又实际在世，且对财产进行了处分，后续申请撤销宣告死亡的情况，也包含通常所言的离婚，如离婚前或离婚时夫妻一方或双方隐匿、转移、变卖财产或虚构债务等。

根据《中华人民共和国民法典》的规定，如果夫妻双方没有签订财产协议，则施行婚后所得共同制，在离婚时不论登记在哪一方名下的财产都是夫妻共同财产，各自分得50%。因此，离婚本身就意味着分家析产。同时，对于父母提前将财产赠与子女的情况，子女如果离婚，分割的就是父母的夫妻共同财产。根据《中华人民共和国民法典》及其司法解释的规定，父母对子女的赠与，没有特别约定的，视为对夫妻双方的赠与。夫妻一方个人财产在婚后产生的收益，除孳息和自然增值外，应认定为夫妻共同财产。这就意味着，父母赠与子女的财产，如果不进行合理、妥善的规划，一旦孩子未来面临婚姻变动时，该部分财产可能遭受损失。除此之外，夫妻之间还有可能侵害对方权利，如擅自处分或毁损对方财产、共有财产，或是侵害人身权利，实施家庭暴力等。由于夫妻之间特定身份关系的存在，彼此的侵权行为更具有隐秘性与复杂性，存在不同程度上的法律适用障碍。

尽管认为男女双方在婚姻关系存续期间的贡献等于各自的经济贡献，但实际上忽视了处于弱势地位的女性为家庭所付出的经济价值，同时忽视其为此牺牲的本可以创造的社会劳动价值、本可以得到提升能力和社会地位的机会。而无过错方所得离婚损害赔偿或为家庭付出的补偿远远达不到社会所期望或换算后相匹配的价值。

（3）意外身故。法定继承是指在被继承人没有对其遗产的处理立有遗嘱的情况下，由法律直接规定继承人的范围、继承顺序、遗产分配的原则的一种继承形式。法定继承人的继承顺序，主要是根据继承人与被继承人的血缘关系和婚姻关系的亲疏远近以及法定的相互抚养义务来确定的。《中华人民共和国民法典》规定，配偶、子女、父母为第一顺序继承人；兄弟姐妹、祖父母、外祖父母为第二顺序继承人。继承开始后，由第一顺序继承人继承，第二顺序继承人不继承；没有第一顺序继承人继承的，由第二顺序继承人继承。如果没有遗嘱的安排，被继承人发生意外身故则进入法定继承。

（4）赠与风险。赠与是赠与人将自己的财产无偿给予受赠人，受赠人表示接受的一种行为。这种行为的实质是所有权的转移。赠与行为一般要通过法律程序来完成，即签订赠与合同，甚至办理不动产登记。赠与是老百姓日常生活中较为常见的行为，一种情况是，在婚姻关系存续期间，男女双方中的一方对另一方房产的赠与，就现实生活来看，通常是丈夫赠与妻子。《中华人民共和国民法典》促使着发生赠与时尽快进行登记以发生物权变动的效力，因为不动产赠与的特殊性在于赠与人具有任意撤销权，在物权变动之前可以撤销赠与。其他赠与行为如提前把公司股权给子女、以子女名义买房、为子女购买大额保单等。父母将自己名下的财产直接分配给子女，他们对于这部分财产就失去了基于所有权人的掌控，同时也很难对这部分资产的运用、管理产生实际影响。

（5）代持风险。代持是指资产持有人找机构或个人代为持有房产、股权、债权等金融或非金融资产并签订协议的行为。代持的原因繁多且复杂，归结为两点：一为保护隐私；二为隔离风险。当然，根据《中华人民共和国民法典》的民事法律行为效力的规定，为了规避法律法规禁止性规定的代持行为是无效行为。代持协议的法律效力要结合具体协议来审查。

（6）监护风险。父母对未成年子女享有法定监护权。夫妻双方尽管离婚，未取得抚养权的一方仍然对未成年子女有监护权与探视权。在一方监护人死亡且将财产留给未成年子女时，另一方监护人对未成年子女仍有监护义务且对其财产进行监管。即便法律对限制民事行为能力人的财产处分相对限制，监护侵害的案例仍非少见。当监护人侵害未成年被监护人时，为了保护未成年人，在出现法定情形下可以及时撤销监护人的监护资格并确定新的适格监护人，但哪怕一般的财产处分或者轻微不足以为刑法处理的人身及精神伤害，对于未成年人的身心发展都有着极大的损害。在个案中，作为单亲母亲的当事人，最为担忧的是，当自己发生意外、疾病或死亡时，其未成年子女的权利如何保障。

（7）公司僵局。公司僵局是指公司在存续运行中由于股东、董事之间矛盾激化而处于僵持状况，股东会、董事会等公司机关不能按照法定程序做出决策，从而使公司陷入无法正常运转甚至瘫痪的状况。在现实生活中，不断出现诸如夫妻、父子、母子、兄弟、姐妹等家族式的有限责任公司，往往"人合"因素大于"资合"因素，当公司"资合"因素和"人合"因素发生冲突时，由于制度安排前者优先，公司僵局就可能出现。特别是股东较少、股权集中、产权较封闭的公司，董事长与总经理由一人兼任，存在股东会、董事会、监事会虚设的现象。

（8）资产贬值。除了前面提到的资金出境的监管风险外，纯粹的汇率波动和相关税费、中介费等都可能带来资产的贬值。最大的资产贬值风险是汇率波动。

（9）投资风险。投资风险是指投资主体为实现其投资目的而对未来经营、财务活动可能造成的亏损或破产所承担的危险。投资风险是投资主体决定是否投资所进行预测分析的最主要内容。导致投资风险的主要因素有：政府政策的变化、管理措施的失误、形成产品成本的重要物资价格大幅度上涨或产品价格大幅度下跌、借款利率急剧上升等。因公司发展需要，公司的股权做了质押融资、股东为公司借款提供担保、配偶签署承诺函以夫妻共同财产为股东提供清偿责任等，都有可能将个人投资风险或公司投资风险转移到家庭财产损失。

（10）税务风险。税务风险集中在企业经营管理中的逃税行为和未来开征的遗产税。遗产税是对被继承人死亡时所遗留的财产课征的一种税，遗产税是一个古老的税种。众所周知，虽然我国尚未开征遗产税，但1997年党的十五大报告正式提出"调节过高收入，逐步完善个人所得税制度，调整消费税，开征遗产税等税种"，为我国遗产税立法提供了政策依据。2013年2月3日，国务院批转了由国家发改委、财政部、人力资源保障部制定的《关于深化收入分配制度改革的若干意见》，提出深化收入分配制度改革，要坚持共同发展、共享成果，并研究在适当时期开征遗产税。

参考2010年版《中华人民共和国遗产税暂行条例（草案）》（未生效）第一条的规定，遗产税的纳税主体概括为去世时遗有财产的境内中国公民，或者在境外的中国公民以及外国人、无国籍人。遗产税应税的财产包括被继承人死亡时遗留的全部财产和死亡前五年内发生的赠与财产。

我们还是以前面提到的案例为例，来解析专项服务的"风险评估"。我们给客户出具了一份《风险评估报告》，报告并非越详细越好，而是需要结合客户迫切的需求突出重点。比如，在这个个案中，《风险评估报告》要突出财产代持、离婚析产、非婚生子的风险。

三、综合方案

第三步，分工协同——综合解决方案。我们提供的"综合解决方案"通常包括"诉讼+非诉讼+资产保全"的模式。

（一）模式：一揽子服务

以建筑类企业主婚姻危机专项法律服务为例，解决方案是一揽子服务，服务期限是六个月，工作目标是离婚调解并达成离婚协议或者离婚调和，同时达成夫妻财产约定。

服务流程包括：法律咨询沟通→证据初步保全→离婚调解（调和）→离婚协议或财产协议→意定监护与公证遗嘱。服务内容涵盖了后面会介绍的四个专项法律服务，即离婚调解服务、遗嘱全套服务、意定监护服务、第三者谈判服务。

在这个一揽子服务中，法律咨询、证据保全、离婚调解（含调和）、离婚协议或财产约定等服务内容涵盖在基础法律服务之内，其他费用则分阶段支付。如果涉及后续诉讼则另行签订委托代理合同。在这个专项服务中，我们会指派擅长婚姻、地产、金融等业务的律师参与工作。

（二）工具："咨询+文书+第三方"

我们如何提供专项法律服务？从我们归纳的服务内容中可见，通常包括如下三种工具：

第一，咨询工具。我们主要提供婚姻家事法律咨询服务，特殊情况下团队会邀请财务、税务、其他专业背景的律师加入，为客户提供咨询解答。法律问题解答、财产分割分析、指导调查取证都是通过"咨询"方式实现。

第二，法律文书。专项法律服务的特点是以"文书"方式结案。比如，离婚调解可以通过陪同客户签订离婚协议、办理离婚登记结案；也可以在不离婚的条件下，双方签署《夫妻财产约定》或其他协议的方式结案。

第三，第三方服务。专项法律服务中还有个特点就是"第三方"服务。比如，我们在提供离婚调和服务时会为客户草拟《夫妻财产约定》，同时会建议客户做份公证以提高证据效力。做遗嘱服务时，我们除了会为客户提供法律咨询、代书遗嘱，还会帮助客户对接第三方资源，如行为能力鉴定、公证遗嘱。

第三十讲　专项服务收费

四川省律师收费标准经历了主要由政府指导下放至由市场调节的过程，这是四川省深化律师制度改革、优化律师执业环境的一件大事，有利于彻底发挥市场在资源配置中的决定性作用。2016 年 6 月 6 日，四川省律师协会下发的《四川省律师法律服务收费行业指导标准（试行）》（已废止）和 2018 年 2 月 28 日四川省发展和改革委员会同四川省司法厅联合下发的《四川省发展和改革委员会　四川省司法厅关于规范律师法律服务收费管理有关问题的通知》及附件《四川省律师服务收费政府指导价标准》（已失效），成为四川省内律师事务所制定律师事务所收费标准的重要参考依据。2021 年 12 月 28 日，司法部、国家发展和改革委员会、国家市场监督管理总局印发了《关于进一步规范律师服务收费的意见》。

原《四川省律师法律服务收费行业指导标准（试行）》和原《四川省律师服务收费政府指导价标准》仍可作为目前咨询、诉讼、专项等律师服务收费的重要参照标准。因此，律师服务收费可以根据不同的服务内容、不同的服务方式，单独或综合采取固定收费、计件收费、按标的额比例收费、计时收费、半风险代理等方式。专项服务主要按工作量和财产标的综合计费，考虑耗费的工作时间、法律事务的难易程度、委托人的承受能力、律师可能承担的风险和责任、律师的社会信誉和工作水平。

一、收费方式

根据原《四川省律师法律服务收费行业指导标准（试行）》规定，律师服务收费可以根据不同的服务内容、不同的服务方式，单独或综合采取固定收费、计件收费、按标的额比例收费、计时收费、风险代理等方式。非诉讼业务收费标准一般采取计时收费、计件收费或按涉及金额收费。

（一）固定收费

采取固定收费方式收取法律服务费的，委托人与律师事务所根据业务的性质、标的金额、重大疑难程度及执业风险等因素协商确定具体收费数额并在委托合同中确定。收费合同或收费条款一般会包括收费项目、收费标准、收费方式、收费数额、付款和结算方式、争议解决方式等内容。要以明确具体的方式告知客户，我们的服务是有价的。

（二）计件收费

采取计件收费方式收取法律服务费的，委托人与律师事务所根据案件标的额的大小，按照一定费率，确定收费金额。可适用于业务简单、标的额较小的律师业务。计件收费一般适用于不涉及财产关系的法律事务。

（三）按标的额比例收费

采取按标的额比例收费方式收取法律服务费的，委托人与律师事务所根据案件标的额大小，按约定的比例分段累计计算法律服务费用。按标的额比例收费适用于涉及财产关系的法律事务；原《四川省律师法律服务收费行业指导标准（试行）》涉及财产关系的，按照争议标的额分段按比例累加收费：

（1）10万元以下部分（含10万元）收费比例为8%~10%，收费额不足5 000元的按5 000元/件收取；

（2）10万元至50万元部分（含50万元）收费比例为7%~9%；

（3）50万元至100万元部分（含100万元）收费比例为6%~8%；

（4）100万元至500万元部分（含500万元）收费比例为5%~7%；

（5）500万元至1 000万元部分（含1 000万元）收费比例为4%~6%；

（6）1 000万元至2 000万元部分（含2 000万元）收费比例为3%~5%；

（7）2 000万元至5 000万元部分（含5 000万元）收费比例为2%~4%；

（8）5 000万元以上部分收费比例为1%~3%。

对于重大、疑难、复杂民事诉讼、仲裁案件，律师可以在民事诉讼案件一审阶段的收费标准基础上再上浮不超过3倍收费。

（四）计时收费

采取计时方式收取法律服务费的，委托人与律师事务所根据业务的性质、标的金额、重大疑难程度、执业风险、律师事务所成本、律师法律服务水平等因素协商小时费率。多个律师共同提供法律服务的，可以按各律师从业时间和资历经验分别计算小时费率，也可以按平均小时费率统一计费，各律师的服务时间累积计算。律师在本地办理法律事务的路途时间减半计算，在外地乘交通工具花费的时间及必要停留时间减半计算。律师应当及时、准确填写工作日志，报送委托人的计时清单应当经过主管合伙人或者律师事务所负责人审核。

原《四川省律师法律服务收费行业指导标准（试行）》规定，律师计时收费的标准为500~3 000元/小时，复杂法律服务项目可以在前述标准基础上再上浮不超过两倍收费。

计时收费可适用于全部法律事务。计时收费应按办理法律事务的有效时间计算，包括向委托人提供法律咨询、调查取证、查阅有关资料、起草诉讼文书和法律文件、出庭、参与调解和谈判、代办各类手续以及律师办案在途时间等。

二、按需付费

婚姻家事专项服务采取"按需付费"的方式支付法律服务费，委托人与律师事务所根据争议标的金额大小、实现代理目标的难易、代理工作覆盖的诉讼阶段多少等情况协商确定。按需付费有两个要素：第一是客户支付一笔基础代理费，保证律师承诺的基本工作；第二是客户根据律师达成的工作目标，另行支付一笔固定收费或者按标的额比例收费。

三、固定期间

固定期间收费仍然属于固定收费，我们在合同中侧重约定服务时间，而不强调服务目标的达成。比如，在离婚指导服务中，我们约定服务期限一个月，双方达成离婚协议固然是好事，也可能经过双方沟通和律师服务一个月内仍然未达成一致，但客观上律师也按质按量提供了服务。故"固定期限"的代理方式强调工作服务时长，而非强调服务标的或工作目标。

第九单元 婚姻家事专项服务实操

第三十一讲 离婚协议专项服务操作

一、案例简介

（一）案情概述

女方与男方于 2020 年 5 月 20 日登记结婚，同年 9 月发生暴力抓扯导致双方感情破裂，女方提出离婚。双方对同居期间购买房屋如何分割争议较大。女方与我们签订《专项法律服务合同》，律师为女方提供离婚法律咨询、指导离婚谈判、拟定离婚协议的服务，服务期限为一个月。我们接受委托后起草了《离婚协议书》和关于房屋分割的《离婚补充协议》，后续双方在民政局办理离婚登记，并就离婚补充协议办理公证。

（二）服务要点

（1）证据分析。为依法分割夫妻共同财产，律师指导女方填写《咨询记录表（客户版）》，调取诉争房屋相关的购房合同、贷款合同、付款凭证、还贷明细、财产约定协议草稿等相关资料，就案涉房产的法律性质和离婚诉讼财产分割实务进行分析。

（2）协议保障。案涉房屋系结婚前由男方母亲出资，以女方名义购买，同居期间主要由女方偿还按揭款，房屋交付后由男方母亲负责出租，离婚时未取得房屋产权证。律师指导女方与男方就离婚事宜进行沟通，在双方达成基本共识之后，律师起草《离婚协议书》草稿和《房屋共有协议》草稿。

（3）沟通指导。女方与男方结婚时间短，婚后的主要矛盾在于男方总是认为其母亲的言行举止是对的，没有自己的主见。离婚沟通期间，男方亦存在同样问题。律师在指导女方与男方沟通的过程中，尊重父母出资事实，避免激化矛盾，促使双方就房屋变卖、债务确认、债权分配达成共识，并通过签订离婚补充协议的方式，帮助双方建立诚实守信的规则，促进双方和平分手。

二、适用人群

适用人群：客户有自行协商离婚的基础，需要有律师指导协商并签订合法有效的离婚协议，并在涉及父母出资买房、夫妻共同财产投资、股权分割与补偿、夫妻共同债务分担等具有较大争议的协商过程中，帮助其实现合法利益最大化。

三、服务内容

服务内容：离婚咨询、离婚协议。

四、服务流程

服务流程：离婚咨询沟通→草拟离婚协议→电话指导谈判→协议定稿交付→客户签收确认。

五、收费方式

（1）按件收费。律师需要设置基础套餐收费区间。

（2）分期支付。客户需要在本合同签订之日支付律师50%律师费，定稿离婚协议交付之日支付律师剩余50%律师费。

（3）服务期限。本合同期限一个月，自××年××月××日起至××年××月××日止。离婚协议提前交付，本专项服务终止；若需延迟服务期限，甲乙双方协商。

（4）增值服务。除基础套餐服务外，律师还可以向客户提供增值服务，费用另行协商。增值服务内容包括离婚补充协议、财产约定协议等。从原则上讲，每增加一份法律文件另行增加收费；第三方服务费（公证费、鉴定费、登记费等）由客户自行支付。

（5）转化服务。在服务期内，客户不能协商一致达成离婚登记的，可以委托律师代理诉讼，已经支付的服务费可以协商抵扣。

第三十二讲　离婚指导专项服务操作

一、案例简介

（一）案情概述

因男方发生婚外情，2019 年 9 月男方与女方签订所有财产归女方的《离婚协议书》，但未办理离婚登记。2020 年 6 月男方再次提出离婚，因心态发生变化，男方坚持分割一套房产便于其将来与女朋友建立家庭。女方来律师事务所咨询相关问题后签订《专项法律服务合同》。

（二）服务要点

（1）证据分析。我们审查了购房合同、贷款合同、付款凭证、还贷明细，客观分析通过诉讼方式进行夫妻财产分割的情况，帮助女方调整协商离婚的心理预期。

（2）模板指导。律师向女方提供离婚协议模板，结合双方沟通协商情况进行修改，指导女方在协商离婚过程中把握谈判原则和沟通技巧，帮助双方在一周内达成共识并陪同办理离婚登记。

（3）善用资源。本案主要有两大分歧：一是夫妻共同财产和债务的评估；二是婚生子抚养费。男方从急于离婚答应"净身出户"再到要为未来家庭争取房产并降低婚生子抚养费，女方在心态上难以接受。

律师通过分析夫妻共同财产"依法分割"的预判，帮助女方及父母回归理性诉求。在孩子抚养费和探视权方面，男方负担能力有限，长期以来男方父母对孙子的带养出钱出力，男方父母很爱孙子，愿意协助女方带养或接送孩子。律师为女方解答父母和祖父母的法定义务，虽然祖父母没有法定探视权，但律师还是鼓励女方适度接受祖父母的好意和关爱。

二、适用人群

适用人群：客户有自行协商离婚的基础，需要有律师指导协商并签订合法有效的离婚协议，在沟通与协商过程中当事人容易反悔，需要律师陪伴至"离婚冷静期"结束并领取离婚证。

三、服务内容

服务内容：离婚咨询、离婚协议、离婚登记指导。

四、服务流程

服务流程：离婚咨询沟通→草拟离婚协议→电话指导谈判→离婚协议签署→离婚登记指导。

五、收费方式

（1）按件收费。律师需要设置基础套餐收费区间。

（2）分期支付。客户需要在本合同签订之日支付律师50%律师费，办理离婚登记之日（或定稿离婚协议交付之日等具体情况）支付律师剩余50%律师费。

（3）服务期限。本合同期限三个月，自××年××月××日起至××年××月××日止。在服务期限内，客户领取离婚证本专项服务提前终止；若需延迟服务期限，甲乙双方协商。

（4）增值服务。除基础套餐服务外，律师还可以向客户提供增值服务，费用另行协商。增值服务内容包括离婚补充协议、财产约定协议等。从原则上讲，每增加一份法律文件另行增加收费；第三方服务费（公证费、鉴定费、登记费等）由客户自行支付。

（5）转化服务。在服务期内，客户不能协商一致达成离婚登记的，可以委托律师代理诉讼，已经支付的服务费可以协商抵扣。

第三十三讲　离婚调解专项服务操作

一、案例简介

（一）案情概述

男方与女方有30年的婚姻，女方因患有疾病不能生育，双方婚后无子女。随着男方的事业发展，双方日常生活沟通和交流较少，婚姻名存实亡。男方多次与女方协商离婚无果，考虑到女方身体不好、收入不高，男方委托我们做离婚调解服务，希望能通过非诉讼的方式帮助他们解除婚姻关系。

（二）服务要点

（1）诉讼预判。像这类婚姻时间长、女方又有疾病史的情况，法院通常会判决不离婚，甚至第二次诉讼也可能判决不离婚。

（2）财产预判。我们帮助双方对夫妻共同财产进行梳理，确定依法分割双方的财产价值。为促进协议离婚，我们建议男方在财产分配和债务分担上做出适当让步。我们也跟女方分析，如果男方铁了心离婚，只要男方坚持起诉，达到"分居满两年""第一次判决不予离婚满一年"这些条件，法院会认定"夫妻感情彻底破裂"，届时，法院依法分割夫妻共同财产是什么标准。通过三次调解，男方在财产上做出让步，分得了一套尚未装修的按揭房，按揭款由男方继续负担；女方分得两套无贷款房屋和全部存款。

（3）借助外力。"离婚"是生活方式的选择，对于夫妻而言没有对与错。调解离婚比较注重"和平分手"，虽然双方聚少离多，但男方提出离婚女方仍然情绪比较激动，男方安排某亲戚陪伴在女方身边，避免女方钻牛角尖。同时通过诉讼立案，我们要求进行"先行调解"程序，促成有法院调解员参与沟通，也向女方表明男方离婚的决心，男方起诉的行为给女方带来一定的心理压力。最后，我们陪同双方在民政部门办理离婚登记后，再向法院撤诉。

二、适用人群

适用人群：客户不能自行协商，需要律师代理协商谈判避免进入诉讼对立，律师代理调解可以争取在法院正式立案前或法院诉前调解程序达成离婚协议。

三、服务内容

服务内容：离婚咨询、离婚调解、离婚协议、离婚完成。

四、服务流程

服务流程：离婚咨询沟通→草拟离婚协议→约谈 1~4 次→签署离婚协议→取得离婚证或离婚调解书。

五、收费方式

（1）基础收费。律师需要设置基础套餐收费区间，含一个月内与对方沟通调解1~3次，第4次开始按小时计费增加基础服务费。

（2）服务期限。服务期限为一个月，在服务期内双方共同去民政局登记离婚的，律师服期限延长至客户领取离婚证时结束或者法院出具离婚内容的民事调解书结束。

（3）转化服务。在服务期内，客户不能协商一致达成离婚登记的，客户可以委托律师代理诉讼；服务合同可以将离婚调解和代理诉讼签订在同一份协议中，分阶段支付费用。

（4）结算标准。

①按件收费。除基础套餐服务外，律师还可以向客户提供增值服务，费用另行协商。增值服务内容包括离婚补充协议、财产约定协议等。从原则上讲，每增加一份法律文件另行增加收费；第三方服务费（公证费、鉴定费、登记费等）由客户自行支付。

②按标的收费。离婚协议分割夫妻共同财产价值超过500万元的，超过部分按收费标准区间加收服务费。

③在离婚调解过程中双方同意不离婚的，视为离婚调解工作完成。如果客户调整工作目标，以签订婚内财产协议、抚养协议、分居协议等方式暂缓离婚的，客户按实际获得财产价值的约定标准另行支付律师服务费。

第三十四讲　婚姻家事谈判专项服务操作

一、案例简介

（一）案情概述

男方是一位已婚人士，在发生婚外情之后期待回归家庭。男方夫妻共同委托我们与男方情人进行沟通谈判，就情人怀孕事宜和赠与情人财物等事宜进行谈判。工作目标是在两个月内努力与男方情人沟通并达成相关协议。客户的直接委托目的没有实现，但我们满足了客户的真正需求。

（二）服务要点

（1）需求确认。男方的需求是回归家庭，通过与情人断绝来往重建夫妻信任。我们的委托人是男方夫妻，夫和妻对这个委托事项的具体需求并不一致，接收委托之初我们就明确律师的服务对象是男方，夫妻双方的共同需求是有法律专业人士陪伴、指导男方婚外情善后事宜。因此，我们的法律服务约定在 60 天内同男方情人沟通谈判 1~3 次，但能否促成协议具有不确定性。

（2）真诚沟通。三方当事人的心态各不相同。男方对于妻子和情人都心存愧疚，愿意按高于法院裁判的标准数倍的基础与情人协商抚养费事宜，但情人是想通过生孩子挽回男方的心。男方的出轨事件和面临"非婚生子"的后果对夫妻双方是个巨大的挑战，男方是回归家庭还是与情人和好，在于妻子的态度和行为，这对任何一个妻子来说都是艰难的过程。妻子要接纳男方的回归需要心理咨询、家庭辅导帮助她去处理情绪，律师能做的就是针对"婚姻危机"的处理方式给出"夫妻财产约定"等法律建议。

（3）救济途径。如果与情人的谈判失败，专项服务为男方家庭提供了一个后续诉讼方案。针对婚姻关系存续期间男方给情人转款的行为，启动一个起诉第三者返还财产的案件，"以诉促谈"促成返还财产和抚养费一揽子处理的和解方案。如果非婚生子出生，则男方必须承担抚养义务。

我们的专项法律服务让男方夫妻有个冷静的时间和空间，让他们知道问题不在外部而在自己。向男方情人追索财产的诉讼时效还有一段时间，通过专项法律服务的沟通与谈判，我们为男方夫妻提供了一些处理婚姻危机的建议和夫妻共同财产维权的方案，男方希望先处理夫妻感情本身的问题，再来从容面对来自外部的压力和挑战。

二、适用人群

适用人群：客户出现婚姻危机、家庭矛盾、投资争议、合伙清算等事件，需要委托律师与第三者、家庭成员、合作伙伴、债权人、债务人等就财产利益进行协商、谈判，以通过协商解决问题并签订协议预防纠纷。

三、服务内容

服务内容：法律咨询、沟通谈判、协议起草、协议签订。

四、服务流程

服务流程：法律咨询沟通→确定工作目标→约谈 1~3 次→协商解决方案→签署相关协议。

五、收费方式

（1）基础收费。律师需要设置基础套餐收费区间，服务期限为一个月，与对方沟通谈判 1~3 次，第 4 次开始按小时计费增加基础服务费，基础套餐围绕 1~2 份主要协议谈判。除基础套餐服务外，每个家庭的解决方案对应的法律配套协议均属定制服务，律师要根据财产标的和自身工作量与客户协商确定。

（2）服务期限。服务期限为一个月。如果在合同约定期限内提前促成甲方与第三人签订相关协议，则视为乙方完成委托事项，本合同提前终止；服务期限届满，合同自然终止。

（3）转化服务。若需延长服务期限或甲方委托乙方提起诉讼，则由甲方与乙方另行签订补充协议或委托代理合同。

第三十五讲　单亲家事专项服务操作

一、案例简介

（一）案情概述

女方三次成为我们的客户。第一次以支付咨询费的方式单次咨询，后续自己与先生协商离婚。第二次选择"离婚指导"服务，把她与先生口头商议的离婚内容落实到"离婚协议"条款之中，并指导她在沟通谈判中的策略和注意事项。第三次则是离婚后选择"单亲家事"专项服务，我们为她提供了意定监护、遗嘱咨询、保单审查、协助公证等服务。

（二）服务要点

（1）需求回应。单亲妈妈的担心是什么？如果自己在孩子没有成年前去世，孩子的人身和财产都由前夫监护；给孩子留一大笔资产，孩子也没有管理的能力；自己的父母年迈，谁来养老送终？因此，单亲家事法律服务是定制服务，财产结构简单的方案可能是"咨询+遗嘱"，复杂的方案可能是"遗嘱+信托+意定监护+金融规划"。

（2）监护方案。意定监护是指：具有完全民事行为能力的成年人，可以与其近亲属、其他愿意担任监护人的个人或者组织事先协商，以书面形式确定自己的监护人，在自己丧失或者部分丧失民事行为能力时，由该监护人履行监护职责。因此，律师可以帮助客户选择符合法律要求的监护人，在客户失智失能后照顾其生活、管理财物，甚至可以签署放弃抢救的法律文件。

（3）财产保护。结合女方的家庭结构和财产状况，我们建议采用"遗嘱+意定监护+保险"的方案。第一，女方通过给儿子投保的方式做了一个养老规划。她选择在自己朋友那里投了保险，律师帮她审查了保险合同并给予答疑解惑。第二，通过立遗嘱的方式处理不动产和存款。女方在遗嘱中把不动产留给孩子，并对孩子继承财产附加义务。第三，女方对意定监护协议如何安排比较犹豫，最后暂缓选择意定监护的服务，但她已经有意识在思考了。

我们的专项法律服务满足客户在不同意识觉醒阶段的需求，是"一揽子解决方案、分阶段支付费用"。

二、适用人群

适用人群：遭遇情感创伤、婚姻危机的客户为主要服务对象，多以配偶出轨的女性客户为主。适合在离婚咨询、离婚代理服务过程中向客户推荐此专项服务。

三、服务内容

服务内容：法律咨询、法律文书、合同审查。

四、服务流程

服务流程：法律咨询沟通→服务需求确定→遗嘱全套服务→合同咨询审查。

五、收费方式

（1）基础收费。律师需要设置基础套餐收费区间，包括一个客户的行为能力鉴定、起草遗嘱（遗赠、遗嘱信托）、公证遗嘱。遗嘱（遗赠、遗嘱信托）或其他财产协议处分的财产价值超过 500 万元的，超过部分按收费标准区间加收服务费。

（2）结算标准。除基础套餐服务外，每个家庭的解决方案对应的法律配套协议均属定制服务，律师要根据财产标的和自身工作量与客户协商确定。除基础套餐服务外，律师还可以提供增值服务，内容包括遗嘱保管、遗嘱执行、意定监护、财产约定协议、遗产管理人尽职调查、监护人尽职调查等。从原则上讲，每增加一份法律文件另行增加收费；第三方服务费（公证费、鉴定费等）由委托人自行支付。

第三十六讲　遗嘱全套专项服务操作

一、案例简介

（一）案情概述

王爷爷年满 80 周岁，有三个子女，自老伴去世后居住在养老院。王爷爷想随长子共同生活居家养老。王爷爷的意愿是尽量不给孩子们增加负担，每个月用工资支付保姆费用，存款和抚恤金用于住院补贴，如果有剩余财产则作为遗产分配。我们帮助王爷爷分配了老伴的遗产、签署赡养协议、协助其进行行为能力鉴定和订立公证遗嘱。

（二）服务要点

本专项服务以帮助老年人制定符合意愿且合法有效的遗嘱为目标。老年人财产日益增多，十年来法定继承纠纷连年增长，遗嘱规划可以根据老年人心意对自己身后财产进行安排，通过遗嘱、遗赠等方式可以保证老年人晚年生活品质和定向传承。

（1）分家析产。因老伴去世后至今未进行遗产分割，故登记在王爷爷名下的房产属于夫妻共同财产，需要先进行对老伴的遗产分割或老伴其他法定继承人放弃继承。我们帮助王爷爷及其子女分配了老伴的遗产，并签署了相关赡养协议。

（2）行为能力。虽然王爷爷身体健康，与人交流思维清晰，但毕竟年事已高。律师无法通过主观判断确认老年人的行为能力，故建议老年人先做一个行为能力鉴定：如果其是完全民事行为能力人，则签订专项服务合同、订立遗嘱均符合法律规定；如果其为限制民事行为能力人，我们则需要调整服务方案，建议家属确定监护人和适用其他财产处置方案。

（3）遗嘱效力。遗嘱只能处分自己名下的合法财产。为老年人提供遗嘱咨询时，律师可以建议老年人采用自书、代书、打印、录音录像、公证等遗嘱形式。虽然公证遗嘱自民法典实施后并无效率优先性，但公证员会对遗嘱内容进行合法性审查和对签字捺印进行见证，故通过公证遗嘱更能确保订立遗嘱的合法性，在遇到纠纷时，公证遗嘱效力很难被推翻。

通过服务，律师为客户搜集证据、确定财产性质、完成析产分配、预设处理规则、保障老年人晚年生活、解决老年人后顾之忧。同时，我们引入鉴定和公证，确保遗嘱效力不出现任何瑕疵。

二、适用人群

适用人群：为年满60周岁以上的老年人提供服务，重点适用于配偶去世、同居再婚、家庭财产复杂、家庭关系复杂、有立遗嘱意愿、有家风传承意愿等的老年人群体。

三、服务内容

服务内容：法律咨询、代书遗嘱（遗赠、遗嘱信托）、行为能力鉴定、公证遗嘱。

四、服务流程

服务流程：法律咨询→起草遗嘱（遗赠、遗嘱信托）→行为能力鉴定→公证遗嘱。

五、收费方式

（1）基础收费。律师需要设置基础套餐收费区间，包括1~2名客户的行为能力鉴定、起草遗嘱（遗赠、遗嘱信托）、公证遗嘱。遗嘱（遗赠、遗嘱信托）或其他财产协议处分的财产价值超过 500 万元的，超过部分按收费标准区间加收服务费。

（2）结算标准。除基础套餐服务外，每个家庭的解决方案对应的法律配套协议均属定制服务，律师要根据财产标的和自身工作量与客户协商确定。除基础套餐服务外，律师还可以向客户提供增值服务，内容包括遗嘱保管、遗嘱执行、意定监护、财产约定协议、遗产管理人尽职调查、监护人尽职调查等。从原则上讲，每增加一份法律文件另行增加收费；第三方服务费（公证费、鉴定费等）由委托人自行支付。

第三十七讲　意定监护专项服务操作

一、案例简介

（一）案情概述

男方与女方属于各自离异后的同居关系。男方曾突发疾病，女方精心照顾不离不弃。男方意识到当他"失智失能"的情况下，女方比自己的亲生孩子更适合做监护人。我们结合双方的生活实际，起草了《意定监护协议》并经公证，同时也为男方提供了遗嘱全套服务。

（二）服务要点

以定制符合意愿且合法有效的意定监护协议为目标，法律服务的重点是监护人选任、协议主体确定、委托事项沟通。

（1）监护选任。男方与女方以夫妻名义共同生活十余年，男方得知自己与女方在法律上不是"配偶"后，不愿意办理结婚登记手续"拖累"女方，而是选择通过签订"意定监护"协议的方式将自己"失智失能"后的事项托付给女方管理。

（2）主体设计。在意定监护协议的设计中，可以是甲方（委托方、意定被监护人）与乙方（受托方、意定监护人）的两方主体签订，也可以是甲方（委托方、意定被监护人）、乙方（受托方、意定监护人）、丙方（意定监护监督人）的三方主体签订。最后，男方表示不需要监督主体，他全然相信女方的人品。

（3）委托事项。女方接受男方的委托，在男方将来丧失或部分丧失民事行为能力时担任男方的监护人，行使监护职责、履行监护事务。其具体包括人身监护、日常消费、财产收入、死后事务、财产继承及债务处理等事务，可以结合个案情况提前约定自己陷入昏迷或丧失行为能力时，自己的生活质量、医疗救治、人格尊严、财产安全、权益维护等内容。

二、适用人群

适用人群：同居再婚人士、丁克人群、同性伴侣、失独父母、资产代持人、孤寡独居老人、与子女关系不和睦的老人、存在婚姻危机的夫妻、离婚后单独抚养未成年人的一方等。

三、服务内容

服务内容：法律咨询、意定监护协议、行为能力鉴定、公证。

四、服务流程

服务流程：监护人资格调查和监护资格告知→被监护人完全民事行为能力鉴定→意定监护协议（人身和财产）→法定监护人同意或告知书（意定监护监督人选任→意定监护协议公证→意定监护权益实现）→意定监护协议公证。

五、收费方式

（1）基础收费。律师需要设置基础套餐收费区间，意定监护后续修订和调整按原继承套餐收费标准优惠10%~30%。

（2）结算标准。除基础套餐服务外，每个家庭的解决方案对应的法律配套协议均属定制服务，律师要根据财产标的和自身工作量与客户协商确定。第三方服务费（公证费、鉴定费等）由委托人自行支付。

第三十八讲 监护人尽职调查专项服务操作

一、案例简介

(一) 案情概述

吴总身家上亿元，因为创业透支了身体，现在身患绝症。吴总是家中独子，父母年迈，前妻带着孩子改嫁。吴总亟须通过意定监护的方式确定自己的监护人。吴总有三个人选：第一个是共同创业的股东；第二个是表弟；第三个是前妻。谁更适合做他的监护人呢？我们通过对候选监护人的基本情况、健康状况、财产情况、个人信用、关系情况进行背景调查并出具书面报告供委托人决策参考。

(二) 服务要点

监护人尽职调查服务是指正式选定监护人之前，针对监护候选人进行背景信用调查，为委托人正确评估决策服务。监护人尽调服务要点包括以下三点：

(1) 调查内容。监护人尽调报告需针对监护候选人的相关情况展开调查，第一是受教育、职业等基本情况；第二是有无传染病和遗传病史、目前身体健康程度等健康状况；第三是备选人不动产、公司股权、金融资产、保险等财产情况；第四是是否涉诉、涉执行、资信调查等个人信用情况；第五是与被监护人是否有血缘或姻亲关系、与被监护人的宗教信仰是否一致等关系情况。

(2) 调查方法。调查方法包括书面审查、访谈、查询、复核等工作方式。根据律师出具的调查清单，委托人和监护候选人向律师提供相关书面材料进行审查，律师可以得出基本的调查结论。律师可以通过与被调查对象进行访谈，挖掘出调查清单未涉及的重要内容。律师可以向公共机构查询相关信息，如向工商行政管理机关调档，也可以通过拨打电话、登录网站方式查询相关信息。复核贯穿于整个调查工作始终，调查中复核书面材料与律师通过访谈了解到的情况、查询获得的资料是否一致，法律风险及问题是否得到全面反映，在撰写调查报告过程中复核文字格式是否准确一致等。

(3) 参考决策。因为吴总与股东共同创业的过程中为创业提供很多借款和担保，吴总名下的股权还有部分是代持性质，现在也不便于恢复原状，未来吴总去世后还涉及股权的继承与变动。作为吴总在生前指定的监护人，吴总的生活质量、医疗救治、人格尊严、财产安全、权益维护都需要操心。通过监护人的尽调服务，吴总最后确定表弟为自己的意定监护人，前妻为监督人，共同创业的股东承接了吴总在公司层面的工作，三个至亲挚友在不同的层面帮助吴总维护生命质量、人格尊严和财产安排等。

二、适用人群

适用人群：拟签订意定监护协议的客户。

三、服务内容

服务内容：法律咨询、尽职调查。

四、服务流程

服务流程：组建工作团队→确定调查方案→拟定调查清单→开展调查工作→出具调查报告。

五、收费方式

收费方式：按件收费并设置基础套餐收费区间，服务期限为一个月，仅包括一份监护人背景信用调查报告。

第三十九讲 遗产管理专项服务操作

一、案例简介

（一）案情概述

李奶奶年满88周岁，配偶早年去世，无儿无女，独自生活。近年来，邻居王女士家人经常照顾李奶奶，李奶奶立遗嘱把名下的房屋附条件赠与王女士，但李奶奶去世后如何将房产过户给王女士呢，我们为李奶奶提供了意定监护协议、遗赠扶养协议、遗嘱执行人及遗产管理人服务。

（二）服务要点

（1）签订协议。李奶奶与王女士签订遗赠扶养协议，王女士在履行对李奶奶生养死葬的义务后可以享有接受遗产的权利。由立遗嘱人与律师事务所签订《专项法律服务合同》，在遗嘱生效后，律师事务所需要清偿李奶奶的生前债务以及按照李奶奶的意愿将房屋转移给王女士。

（2）设计监护。李奶奶与侄女订立意定监护协议，指定侄女作为李奶奶失能失智后的监护人，若王女士未能完全履行遗赠扶养协议约定的义务，则侄女可以代理李奶奶依法解除上述遗赠扶养协议，以保护李奶奶的人身权利和财产权利。

（3）公证行为。李奶奶与王女士签订的遗赠扶养协议、与律师事务所签订的《专项法律服务合同》等协议均经过公证。在律师事务所和公证机关的协助下，李奶奶、王女士、侄女最终完成了所有协议的签署和相关手续的办理。

二、适用人群

适用人群：拟订立遗嘱的客户。

三、服务内容

服务内容：法律咨询、遗嘱保管、遗产管理、遗嘱执行。

四、服务流程

服务流程：签署委托合同→确定遗嘱执行人→遗嘱保管（或委托第三人保管）→跟踪生存状况→梳理财产变动→核查甲方死亡→遗嘱开封查验→清点遗产制作清单→公示催告→遗产分割。

五、收费方式

（1）遗产管理人服务费。律师事务所与立遗嘱人签订《专项法律服务合同》，收取首期法律服务费、遗嘱跟进服务费和后期法律服务费。

①首期法律服务费。律师按件收费并设置法律服务费收费区间。

②遗嘱跟进服务费。委托人于遗嘱订立之日起届满一年前15日内，向律师事务所支付下一年度的遗嘱跟进服务费；按年支付以此类推，直至委托人订立的遗嘱生效时止。

③后期法律服务费。委托人身故后，律师事务所作为遗产管理人按遗产评

估价值的 5% 收取后期法律服务费，该笔法律服务费应从委托人的遗产中先行扣除；若委托人的现金遗产不足以支付律师事务所的后期法律服务费，则约定按委托人指定的遗嘱受益人按比例先行垫付。

（2）诉讼代理服务费。律师事务所作为委托人的遗嘱执行人或遗产管理人，为实现防止遗产毁损、灭失的目的而提起诉讼或调解程序的，应与委托人的继承人另行签订委托协议；律师事务所作为委托人的遗嘱执行人或遗产管理人通过诉讼程序清偿委托人的债务的，应与委托人的继承人另行签订委托协议；律师事务所通过诉讼程序解决委托人与继承人之间的继承纠纷，应与委托人的继承人另行签订委托协议。

（3）第三方服务费用。第三方服务费（司法、邮政、公证、翻译、鉴定、评估、拍卖等）由委托人自行支付。

第四十讲　家庭风险评估专项服务操作

一、案例简介

（一）案情概述

某基金公司拟向一家科技企业进行股权投资，股东 A 为实际控制人，持股 90%，股东 B 持股 10%，投资人委托我们开展"家庭风险评估"专项服务。投资人在给公司创始人进行正式投资前，委托律师对企业创始人及其家庭关系、家庭财产与债务、家庭成员与企业关联度等进行家庭风险评估，为投资人投资决策提供参考。

（二）服务要点

（1）报告要点。报告包括创业者本人、配偶、子女、父母的基本情况及健康状况；家庭成员在公司任职、出资等情况；公司股权、不动产、金融资产、保险等家庭财产和债务情况；家庭成员是否涉诉、涉执行以及个人征信核查的情况；夫妻关系现状、内在关系模式测评等婚姻状况评估。

（2）调查方法。调查方法包括书面审查、访谈、查询、复核等工作方式。根据律师出具的调查清单，调查对象需向律师提供相关书面材料进行审查，律师可以得出基本的调查结论。律师可以通过与被调查对象进行访谈，挖掘出调查清单未涉及的重要内容。律师可以向公共机构查询相关信息，如向工商行政管理机关调档；也可以通过拨打电话、登录网站方式查询相关信息。复核工作贯穿于整个调查工作，调查中复核书面材料与律师通过访谈了解到的情况、查询获得的资料是否一致，法律风险及问题是否得到全面反映，撰写调查报告过程中复核文字格式是否准确一致等。

（3）法律决策。股东 A 对企业高度控制，股东 B 系代持未实际参与公司经营。

股东 A 有两段婚姻，前夫和现任均在公司任职，股东 A 及其子女名下有几套房产，家庭成员征信良好。投资人最终权衡放弃投资。疫情后该公司的业务急剧萎缩，目前陷入经营危机。

二、适用人群

适用人群：拟融资的公司股东和实际控制人。

四、服务流程

服务流程：组建工作团队→拟定调查清单→开展调查工作→出具评估报告。

五、收费方式

收费方式：案件收费并设置基础套餐收费区间，服务期限为一个月，仅包括一份被调查人家庭风险评估报告。

第四十一讲　家企资产隔离专项服务操作

一、案例简介

（一）案情概述

科技公司甲的股东 A 突发意外死亡，其家人由于继承纠纷引发诉讼，公司业绩下滑估值缩减。科技公司乙有三个股东，为避免股东身故带来的公司动荡和投资损失，同时也为股东家属提供权益保证，我们为其提供了章程设计、股东互保、财产约定等家企资产隔离服务。

（二）服务要点

如何预防公司核心管理团队在面临婚姻风险和继承风险时发生动荡，为股东创业消除后顾之忧；即使股东出现身故情况，法定继承人如何获得高额补偿金，以安顿家人的生活。

（1）章程协议。我们在章程条款中针对继承、离婚等情况做了特别修改，股东的第一顺序继承人和第二顺序继承人均签署相关文件，通过公司章程、股东一致行动协议等，对股东股权的继承、离婚财产分割条件或方式予以限制。比如，将股东股权的继承和离婚财产分割的范围约定在财产权内，而继承人或离异配偶取得相应份额的表决权等股东权益则需要经过一定的程序满足特定的条件；或者在发生相关情况时，股东相互配合行使优先购买权"回购"股权，以避免公司的控制权过于分散及转移，保障公司经营决策权的集中和稳定。

（2）财产约定。股东与配偶签署夫妻财产协议，可以就房产、汽车、股权、保险等财产进行约定。例如，将股权约定归个人的情形：以甲方名义持有的××有限公司的股权（包括现有的及将来可能增持的），无论乙方是否在婚姻关系存续期间参与经营管理，该股权为甲方个人单独所有，同时因该股权产生的分红、增值或其他任何收益均归甲方个人所有，不属于夫妻共同财产。甲方有权单独处置该股权（包括但不限于转让、质押等），无须经得乙方同意，因转让产生的收益也归甲方个人所有。

（3）股东互保。科技公司乙目前估值1亿元，张总持股占比50%，估值5 000万元；刘总持股比例25%，估值2 500万元；关总持股比例25%，估值2 500万元。关总是风险投资人，幕后系某基金出资；关总与张总、刘总签订了对赌协议，有业绩承诺和回购条款。

我们做了如下设计：张总，30周岁，父母健在，已婚，育有一子；刘总，35周岁，父母健在，已婚，育有一儿一女；关总，33周岁，离异，父母健在，育有一女。

第一，股东三人做了保险规划，如张总持有的50%股权估值5 000万元，即张总作为投保人和被保险人，将个人身故保险金赔付设计为5 000万元。如果张总去世，则保险公司赔付5 000万元的身故保险金。

第二，股东三人签署保险金信托合同，身故保险金装入信托账户，信托受益人为股东的法定继承人，保险金附条件分配给受益人。

第三，受益人获得信托分配的前提是股东的法定继承人将应继承的股权无偿转让给另外两位股东，保证公司的人合性；同时保证了继承人获得大笔补偿金且免税。

第四，保费来源于公司设置的高管福利，且充分利用保险的杠杆倍率。即使在特殊情况下，股东还可以通过保单贷款来实现融资，以避免配偶签署借款、担保等法律文件导致承担夫妻连带责任。

二、适用人群

适用人群：有限责任公司的股东。

三、服务内容

服务内容：法律咨询、章程修改、保险设计、合同审查。

四、服务流程

服务流程：法律咨询→产权明晰→章程修改→夫妻财产约定→配偶承诺书→保险规划→相关公证。

五、收费方式

（1）案件收费。律师需要设置基础套餐收费区间，服务期限为三个月，该套餐仅包括一位股东专项服务，包括公司章程修改文件、亲属承诺书、夫妻财产约定及公证。

（2）增值服务。除基础套餐服务外，律师还可以向客户提供增值服务，内容包括：遗嘱、意定监护、代持协议等法律文件。从原则上讲，每增加一份法律文件另行增加收费；第三方服务费（公证费、鉴定费等）由委托人自行支付。

第四十二讲　婚姻资产尽职调查专项服务操作

一、案例简介

（一）案情概述

男方与女方婚姻关系存续时间较长，夫妻共同财产和债务情况比较复杂，男方前来咨询离婚事宜。我们接受男方单方委托，对夫妻共同财产和债务进行清理并核查，帮助男方理性决策。

（二）服务要点

（1）清资核产。男方与女方在协商离婚过程中，双方对夫妻共同财产范围和价值的理解相差较大，我们给男方开具财产清单，进行资产清理与核查，帮助甲方确定夫妻共同财产范围。

（2）离婚路演。婚姻资产尽职调查服务通过对离婚诉讼举证程序进行"路演"，模拟离婚诉讼中的争议焦点，帮助客户理解夫妻共同财产的分割。男方意识到现有离婚协议分配方案给予女方的财产偏少，同时发现公司将盈利全部转移到有限合伙企业（男方是无限连带合伙人、女方是有限合伙人），在实行婚后所得共同制的婚姻关系里不能实现有限责任的隔离设计。

（3）调整决策。男方原计划以"离婚"的方式分割夫妻共同财产并避免日后投资决策受到配偶的干预，男方想离婚并非因为夫妻感情破裂。男方通过婚姻资产尽调服务发现公司"资产混同"的法律风险和离婚分割的风险，故打消了离婚的念头，调整解决方案。

二、适用人群

适用人群：婚姻危机人群、债务危机人群。

三、服务内容

服务内容：法律咨询、清资核产、风险评估、模拟法庭。

四、服务流程

服务流程：拟定调查清单→搜集保全证据→开展核查工作→法律咨询意见。

五、收费方式

收费方式：律师需要设置基础套餐收费区间，服务期限为三个月，以定期当面咨询为主，指导客户进一步提供调查清单和资料，在服务期限届满时以出具婚姻资产调查报告为内容的法律咨询意见书为服务终结。财产价值超过500万元的，超过部分按收费标准区间加收服务费。

第四十三讲　家庭资产保全专项服务操作

一、案例简介

（一）案情概述

男方与女方共同创业开办了甲公司。男方及其他股东在甲公司融资过程中均与新股东乙公司签订《投资协议》，协议约定：若男方不能完成甲公司经营目标，则投资人将依据投资保障相关的回购权条款回购股权。为避免夫妻连带责任风险，我们为女方提供了家庭资产保全服务。

（二）服务要点

（1）合规自查。甲公司创业初期难免会有"公转私"等现象，我们组织"法律、财务、税务"工作小组对公司进行合规管理自查自纠。

（2）证据保全。女方先后向多名亲戚朋友借款共计200多万元，用于乙方经营公司。律师通过核对借条、转账流水等证据，将借款事实真实发生的证据通过公证证据保全的形式固定。

（3）金融工具。我们审查了女方已经购买的保险、信托产品，对资产保全方案提出了优化建议，并指导女方实施完成。

（4）产权保护。我们对女方家庭资产进行清理，并完善相关法律手续。例如，女方母亲去世后就夫妻共同财产性质的房屋并未进行继承分割，女方父亲完善法律手续后将该套房屋通过公证遗赠的方式给与女方的儿子，并给予女方夫妇居住权。

二、适用人群

适用人群：有限责任公司股东及其配偶，重点人群为拟融资、借款、贷款的公司股东及其配偶，拟为公司、第三方提供担保的股东、高级管理人及其配偶。

三、服务内容

服务内容：法律咨询、合同审查、证据保全。

四、服务流程

服务流程：法律咨询→投资协议审查→债务证据审查→公证证据保全。

五、收费方式

（1）律师需要设置基础套餐收费区间，服务期限为三个月，以提供法律咨询为主。

（2）除基础套餐服务外，每个家庭的解决方案对应的法律配套协议均属定制服务，律师要根据财产标的和自身工作量与客户协商确定。第三方服务费（公证费、鉴定费等）由委托人自行支付。

第四十四讲　高净财富管理专项服务操作

一、案例简介

（一）案情概述

A 先生经营房地产开发企业积累了很多财富，前后有三段婚姻和三个孩子，因家庭关系复杂和资产混同风险，拟做资产保全和财富传承服务。

（二）服务要点

（1）个案需求确认。律师通过接待记录、财产清单、策略报告、案件流程等方式了解客户的私人财富现状，为个案诉求提供解决方案。

（2）家庭风险评估。A 先生除了有三段婚姻三个孩子这种复杂的家庭成员关系外，在国内外均有财产，企业经营方式也涉及资产混同的状态。A 先生家庭除了一些共性的意外身故风险、子女婚变风险、财产代持风险外，外汇非法途径出境、企业经营模式涉嫌挪用资金罪等都是较大的刑事风险。就家庭风险评估暴露出的刑事责任问题，我们转介绍刑事风控团队为其提供专项法律服务。

（3）综合解决方案。我们为客户提供了夫妻财产协议、遗嘱和意定监护、大额保单、设立信托等综合法律服务。在信托方案落地时，客户具体选择哪一家资管机构，我们为其提供了陪同考察的服务，为客户分析提供资金管理方案的服务机构利弊并进行对比，供客户最终选择做参考。

二、适用人群

适用人群：高净值客户。

三、服务内容

服务内容：法律咨询、尽职调查、委托服务、慈善信托。

四、服务流程

服务流程：客户沟通记录→风险评估报告→法律服务方案→落地方案实施→工作底稿存档→交付工作成果。

五、收费方式

（1）设置基础套餐收费区间，服务以完成工作任务为期限，周期不超过两年。

（2）除基础套餐服务外，每个家庭的解决方案对应的法律配套协议均属定制服务，律师要根据财产标的和自身工作量与客户协商确定。第三方服务费（公证费、鉴定费、资产管理费等）由委托人自行支付。

第十单元　婚姻家事专项服务文书

接下来，我们通过个案来帮助大家深入学习专项服务的规范文书，不会非常详细，重点在于通过个案的分享让大家感受规范文书应该包括哪些内容、大概的要点是什么。虽然目前我们归纳出来比较重要的、我们正在使用的规范文书远远不止这些，但是我们对最重要的环节进行了提炼和呈现。比如，客户沟通记录、风险评估报告、专项服务方案、专项服务底稿以及服务成果交付。在本单元中，笔者把最重要的几种文书的要点进行总结，然后再通过个案帮助大家加深巩固理解。

第四十五讲　客户沟通记录

我们设计的《客户沟通记录》涵盖了"家庭关系、财产情况、身份情况"三个维度的基本内容，既是律师与客户的沟通提纲，也是接受委托后的重要工作底稿。

《客户沟通记录》的重点是记录客户"认为"的那一部分，有可能与我们后面工作中查证的情况有差异，包括客户委托事项是什么、家庭成员的基本情况、有无夫妻财产约定、各类财产详情、有无夫妻债务等信息。我们需要将客户的初步想法记录下来，主要内容涉及委托目的、家庭情况、婚姻协议、财产性质、共同债务、初步方案六个方面。

一、委托目的

我们需要帮助客户明确委托律师做什么事情。我们在与客户沟通的过程中就要优先确定委托目的，它指引着我们后续的工作方向，是一切工作的基础。

二、家庭情况

家庭情况主要是配偶、父母、子女的基本情况，即我们要关注法定继承人的情况。比如，客户与配偶结婚的时间、登记地点、子女出生日期、兄弟姐妹几个、父母去世时间等。"目前家庭情况存在的问题"属于开放性谈话，可以记录家庭重要事件和客户需求。

三、婚姻协议

夫妻之间、家庭成员之间是否签订过协议也是非常重要的信息。如果夫妻之间未签订相关财产协议，则属于婚后共同制，婚姻关系存续期间的财产属于共同共有状态。如果家庭成员之间有共同经营的行为，则要关注该类财产性质和权益是否已经有约定或分配规则。因此，如果有签订协议，那么协议内容是什么、是否为书面协议、签字和日期等细节都需要关注。

四、财产性质

我们需要了解客户对自己名下财产性质的理解，是自己的还是他人的财产，自己的财产是否登记在本人名下或朋友代持，是否为夫妻共同财产，等等。了解了财产的大概情况和性质之后，我们再结合具体的财产类型和情况展开了解：

（一）不动产

律师对不动产关注的重点是产权登记和出资情况，如果涉及按揭房离婚增值补偿就更为复杂。不动产信息需要具体了解不动产地址、居住情况（目前是谁在使用）、购买时间（婚前或婚后）、付款方式（全款或贷款）、产权人名称、购买合同价和现值、首付金额和来源以及贷款情况等。

（二）车辆

律师对车辆关注的重点是登记情况和现有价值。车辆信息需要具体了解品牌、牌照号、使用情况（目前谁在使用）、购买时间、付款方式、产权人名称、购买合同价和现值、首付金额和来源以及贷款问题等，与不动产基本相同。除此之外，我们还会了解是否有抵押或者其他纠纷。

（三）股权

律师对股权关注的重点是公司基本情况以及家庭成员担任股东和高级管理

人的情况。公司股权信息需要具体了解公司名称，公司的营业地，对方的身份是股东、法人、监事或是董事，公司的实际经营人，公司的注册资本，对方持股比例，现资产总价值，代持股情况和股权转让情况等。

（四）银行存款

律师对银行存款关注的重点是账号信息、存款余额、公转私或大额资金往来。银行存款信息需要具体了解存款金额，存款人，开户行名称、账号，款项所有人，账户信息，款项来源，大额资金转移取出情况以及对方是否知晓存款金额及账户等。

（五）股票

律师对股票关注的重点在于股票是在哪家证券公司开户购买和市场价值。股票信息需要具体了解股东权证号码、持股人名称、大致金额，其余的包括股票名称（或代码、开户行、证券公司）、操作人、所有人和现有价值等。

（六）基金、理财产品

律师对金融产品关注的重点是从哪家金融机构购买及其市场价值，具体需要了解产品名称（银行或公司），操作人、所有人和现有价值，有必要的情况可以进行备注说明。

（七）知识产权

律师对知识产权关注的重点是著作权、商标权、专利权等各类权利证书和具体登记情况。

（八）网络域名

根据《中国互联网络域名管理办法》的解释，网络域名是指互联网上识别和定位计算机层次结构式的字符标识，与该计算机的互联网协议地址相对应。律师对网络域名关注的重点是所有权以及域名的实际价值及分割等问题。

（九）虚拟货币

虚拟货币是指非真实的货币，通常可分为三类：网络游戏货币、门户网站或者即时通信工具服务商发行的专用于购买本网站内服务的货币和互联网上的虚拟货币，如比特币（BTC）、莱特货币（LTC）等。律师对虚拟货币关注的重点是确认虚拟货币的存在，虚拟货币的所有人、账户信息以及虚拟货币的现价值。

（十）海外资产

离婚时涉及的海外资产种类大致可分为：持有海外不动产、持有境外非上市公司股权、持有境外上市公司股权和持有境外金融资产四大类。律师对海外资产关注的重点在于是否需要在海外采取相关的法律行动，包括诉讼成本、财产的分布、法律的适用和执行等问题。

（十一）金银首饰

律师对金银首饰关注的重点是金银首饰的证明文书、实际价值，购得金银首饰的付款记录、发票，取得金银首饰所有权的时间，在交付时双方的真实意愿、用途、使用人等。

（十二）家电家具

律师对家电家具关注的重点是购买家电家具的付款记录，家电家具供货方提供的收款记录、发票，取得家电家具所有权的时间，家电家具的使用情况等。

（十三）网店

作为电子商务的一种形式，网店是一种能够让人们在浏览的同时进行购买，且通过各种在线支付手段进行支付完成交易的网站，具有财产属性。律师对网店关注的重点是网店的店名/域名、由谁注册、登记在谁名下、由谁长期稳定经营、网店目前的经营情况以及网店的实际价值等。

五、共同债务

我们还需要确认客户的夫妻共同债务，问问客户有没有什么需要补充的内容。夫妻共同债务通常是指在婚姻关系存续期间，夫妻双方或者一方为维持共同生活需要，或出于共同生活目的从事经营活动所引起的债务。夫妻共同生活是夫妻共同债务的内在本质，是夫妻共同债务与夫妻个人债务的根本区别，也是认定夫妻共同债务的唯一法定标准。

六、初步方案

客户的初步想法和安排是什么？如果是财富传承类需求，则我们需要记录客户拟针对哪些家庭成员进行财产分配，以及财产分配方案是什么，这有助于我们在后续的工作中与客户沟通交流，并帮助客户将愿望落地实施。

第四十六讲　风险评估报告

接下来要做的是出具风险评估报告，我们的风险评估报告包括三个部分：风险评估、建议方案、提前准备。

一、风险评估

（一）资产风险

资产风险的内容主要包括房产代持，股权代持，存款、股票、基金等代持，资产混同，担保责任（股东/配偶/信用），股权结构（公司僵局），刑事风险，税务（漏税/CRS/遗产税），企业投资经营，境外资产，融资风险等。后面也会给大家展开讲讲不同的资产风险类型有哪些。我们根据每个个案的具体情况给客户出具一份风险评估报告。

（二）家庭关系

客户家庭成员的结构有哪些，面临的具体风险是什么，后面通过表格再给大家展开讲述。比较常见的家庭成员关系导致的风险主要有几类：夫妻离婚、重婚、子女离婚、赠与、意外死亡、法定继承、隔代继承、非婚生子、继父母子女关系、未成年人资产监护、子女先于自己死亡。另外，可能还有一些比较少见的问题，就需要我们根据具体情况结合自己的经验来判断和处理了。

（三）身份风险

客户有没有担任法定代表人、财务负责人或者实际控制人，这些特殊的身份会为客户带来什么样的风险，这些就是我们要考虑的问题。我们在实务中较为常见的两种因身份导致的风险：一个是海外身份导致的风险；另一个是"夫债妻还"的问题。

二、建议方案

在上述的所有风险关系厘清之后，我们就会开始给客户提供建议方案。一份合格的建议方案应该具备如下内容：

（一）关于该风险的防范

我们应当知道采取的行动可能会产生多种结果，而且事先估计到采取某种行动可能导致的结果以及每种结果出现的可能性。

（二）关于该风险的规避

我们在考虑到某项活动存在风险损失的可能性比较大的时候，采取主动放弃或加以改变的方式，以避免与该活动相关的风险。我们大致可以通过修改目标、范围、结构和方式等来解决。

（三）提前做好应对风险准备

如果我们能够大概估计出"风险不可避免"的结果，那我们就应当提前做好应对该风险的准备。作为律师，我们要尽量避免打无准备之仗。

三、提前准备

风险评估和建议方案都完成后，我们根据评估出来的风险和制作的建议方案提前做好准备，将准备工作重点一条一条地提炼出来。

第四十七讲　专项服务方案

专项法律顾问服务是指律师事务所接受公民、法人的委托，指派本所执业律师负责在聘期内对聘方特定的项目提供法律服务。

以民营企业家家事专项法律服务为例，它是为企业家提供一揽子解决方案的"家事"专项法律顾问服务，根据家庭风险评估系统，明确客户法律需求，以顾问合同约定的提供咨询、起草合同、参与谈判、代办事务、法治教育、法律信息、代理诉讼、参与调解等方式交付工作成果。

一、服务需求

我们要根据家庭风险评估系统，明确客户法律需求。有的客户能精准地表达自己的需求，有的客户则需要律师团队帮助他逐步明确需求。以民营企业家家事专项法律服务为例，我们通过三维风险评估系统可以预判客户20余种共性法律风险，但客户解决风险的需求有轻重缓急，客户只为当下的需求购买服务，所以我们给客户提供"一揽子解决方案"并按需付费。

在某离婚专项法律服务中，客户的家庭风险很大，但在签订《专项法律服务合同》时，客户的委托事项确定为：就某某提供夫妻共同财产和债务相关资料进行审查，对依法分割夫妻共同财产和债务提供法律咨询意见，这就是客户具体的服务需求体现。

二、服务流程

我们在了解案情的具体情况后，会先跟客户确定专项法律服务的内容，以书面形式为客户提供一份法律服务方案，与客户沟通达成一致后，再签订专项法律服务合同。

（一）宏观视角

以满足客户需求为核心，整个服务流程分为提出需求（含服务方案）、确认需求（含报价）、交付产品三个步骤，如图10-1所示。

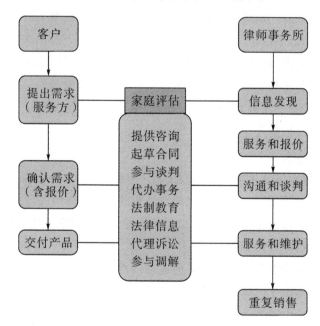

图 10-1　家庭风险评估服务流程

（二）微观视角

我们在前面具体介绍每一个法律服务产品时都列举了具体的服务流程，以"遗嘱全套服务"为例，在具体的法律服务方案中我们是这样表达的：

"我们德恒的财富传承专项法律服务的完整流程如下：遗嘱法律咨询→家

庭关系梳理→家庭风险评估→财产尽职调查→法律服务方案→制作法律文件→行为能力鉴定→公证遗嘱、协议、声明等→遗嘱保管→遗产管理→遗嘱执行。您可以根据自己的需求选择简化服务流程和服务内容。"

三、服务内容

根据《法律顾问服务规则》和业务经验，家事专项法律服务内容概况为：提供咨询、起草合同、参与谈判、代办事务、法治教育、法律信息、代理诉讼、参与调解。《法律服务方案》中如何具体介绍服务内容，这里通过两个案例来说明。

（一）离婚类

在某离婚专项法律服务个案中，我们拟为客户提供"法律咨询"专项服务。我们了解到客户家庭及企业的简要情况及其私人财富规划需求，通过家庭和个人资产盘点，对人员关系进行梳理等一系列工作后，提供法律咨询、分析和解决方案。咨询和评估内容包括但不限于以下方面：资产风险（资产代持、资产混同、担保责任、股权结构、刑事风险、投资风险等）、家庭关系风险（离婚、婚外情、子女婚姻、财产赠与、继承等）和身份风险（夫妻身份、法定代表人、企业控制人等）。

（二）传承类

接受委托后，我们会考虑提供以下四个阶段的服务：

（1）传承方案设计。结合客户的意愿和共同财产的情况，律师团队为其设计传承方案，包括建议增加意定监护的内容，以及根据具体情况考虑遗嘱、遗嘱信托、遗赠等方式安排。

（2）法律文书制作。法律服务的成果包括系列法律文书，根据财产情况选择，包括但不限于遗嘱（或遗赠、遗嘱信托）、意定监护协议、赠与合同、财产约定协议、声明等。

（3）行为鉴定和公证。协助委托人办理行为能力鉴定和相关公证，做好证据保全工作。

（4）遗嘱保管与执行。制作财产清单、制作债务清单、签署《遗产管理委托合同》《遗嘱执行委托合同》和《保密协议》等，做好未雨绸缪的准备。

四、服务费用

在法律服务方案中，我们会提出意向报价。该部分内容要体现收费依据、收费方式、邀约意向三要素。

（一）收费依据

律师服务费主要有政府指导价和市场调节价。我们律师事务所根据规范性文件制定了《北京德恒（成都）律师事务所律师法律服务费收费标准》，因此我们在服务方案中会载明"根据《北京德恒（成都）律师事务所律师法律服务费收费标准》"作为收费依据。

（二）收费方式

前面关于"专项如何收费"详细介绍了根据原《四川省律师法律服务收费行业指导标准（试行）》规定，律师服务收费可以根据不同的服务内容、不同的服务方式，单独或综合采取固定收费、计件收费、按标的额比例收费、计时收费、风险代理等方式。非诉讼业务收费标准一般采取计时收费、计件收费或按涉及金额收费。因此，结合具体个案我们通常采用计时收费、计件收费、按涉及金额收费三种方式报价，后续再与客户协商确定。

（三）邀约意向

《法律服务方案》与《专项代理合同》确定的内容之间还有差异，具体合同服务内容和服务费用需要与客户沟通确定和协商确认。我们认为，专项法律服务可以分为两个阶段：第一阶段是资产尽职调查；第二阶段是具体服务。清资核产情况决定了后续服务方案和律师工作量，直接决定了服务价格。

我们法律服务方案报价尾部通常做如下表述：

（1）德恒意向报价。婚姻资产尽职调查法律服务费 10 万元起，专项法律服务根据具体服务内容报价。

（2）声明。德恒的收费意向仅是德恒的单方邀约，德恒愿意与委托人沟通之后，协商议定代理费及支付方式。

第四十八讲　专项服务底稿

做过商业尽职调查服务的律师就非常熟悉"服务底稿"的概念，我们婚姻家事专项法律服务也借鉴了商事尽调的工作方式。这些工作底稿来源于我们给客户开具的资料清单，底稿有客户提供的资料，也有律师调查取证的材料。

一、客户资料

客户资料主要是客户根据工作清单向律师提交的材料。每个个案情况不同，律师开具的清单也不同，参照清单示范的材料类型，如身份类、财产类、债务类等。

比较常见的工作底稿如下：

（1）银行流水。夫妻共同财产分析、债权债务分析、交易真实性分析等都离不开银行流水，我们通常会要求客户自己打印自己的银行流水进行排查，并搜集整理一些配偶、其他家庭成员银行账户等。

（2）工商档案。客户投资、经营、控制、交易等涉及的公司，我们会建议客户提供工商档案或者律师调取工商登记信息。

（3）房产档案。房产证、房屋信息摘要这些权利凭证一般都需要提供，如涉及有特殊情况则需要请登记产权人自行查询完整档案。

（4）保险合同。保险法律关系是相对比较复杂的，用夫妻共同财产支付的保险费性质、保险金、分红款等性质都需要通过保险合同、支付凭证等材料来审查。

（5）借款合同。夫妻共同债权或债务都会涉及借条、借款合同等证据，衍生出借款担保、抵押等情况。

（6）其他材料。借名买房、股权代持、合伙投资等都是常见的投资情形，关于催收通知、鉴定报告、法院判决、征信报告等文书记录信息，律师都要引导客户提供相关的证据材料。

二、律师核查

我们会提前给客户一份材料清单，告知客户提供材料以方便律师审查、分析和出具法律意见书。核查一般采取"书面审查"的方式，律师的调查权在启动诉讼程序之前比较有限，更多的是指导当事人向相关单位申请自己的资料，如查询银行流水、征信报告、法院诉讼档案等。另外，律师要帮助客户确认重要的证据有没有原件、原物，能不能还原客户主张的事实。整个工作的重点是帮助客户核对、检查，而不是要求律师大包大揽去现场取证、调查。

三、大事记

客户提供的资料比较庞杂，律师在阅卷时需要按时间顺序整理成《大事记》，表格栏目包括序号、时间、事件、备注、涉及文件。通过《大事记》对文件资料进行分类整理，从客户及其家庭成员的视角，按重要事件发生的时间进行整理，如结婚、生育、买房、股权登记等，有助于我们梳理案情脉络。这一方面便于与客户交流沟通和印证客户讲述的事实和焦点，另一方面便于律师团队内部协同工作。

四、咨询意见

我们从专项法律服务接案到结案，有很多内部工作形成的资料。咨询是一个动态的过程，我们在交流的过程中给客户普法、答疑解惑、法律分析、专家意见，潜移默化地改变客户的认知，影响客户的决策。在我们为客户提供服务的过程中，律师助理会做工作记录，对于一些重要的事实确认、权利告知、分析建议等，我们会单独制作告知书、谈话笔录、法律意见书等，与客户进行确认。专项法律服务交付的成果之一就是《法律咨询意见书》，我们会在咨询过程中将《法律咨询意见书（过程版）》作为沟通提纲与客户交流确认，这些体现律师"咨询意见"的过程资料都是我们的工作底稿。

第四十九讲　服务成果交付

"非诉服务可视交付"是我们的服务创新之一，即通过《法律服务需求确认表》《法律意见书》帮助客户确认法律需求并匹配专项法律顾问服务；通过客户沟通记录、风险评估报告、法律服务方案、律师工作底稿等"过程确认"

体验呈现可视交付。根据我们的《专项法律合同》约定的工作内容，我们会向客户交付一些法律文书，如公证遗嘱、监护协议和代持协议。服务成果的交付是结合个案来确定的，专项服务的交付内容也是定制化的，因此笔者在这里给大家介绍的是"定制搭配"中频率比较高的法律文书。

一、公证遗嘱

律师参与遗嘱订立是以定制符合立遗嘱人意愿且合法有效的遗嘱为核心。根据《中华人民共和国民法典》的规定，遗嘱有自书遗嘱、代书遗嘱、打印遗嘱、口头遗嘱、录音录像遗嘱、公证遗嘱六种类型，我们检索研究发现，实务中存在着大量的遗嘱形式瑕疵。遗嘱作为一种死因行为，具有极强的要式性，遗嘱形式瑕疵可能直接影响遗嘱的效力。从既往判例来看，关于遗嘱形式瑕疵对遗嘱效力的影响，人民法院的裁判观点存在较大分歧。有鉴于此，为保障遗嘱人实现遗愿，防范律师执业风险，一方面，我们针对遗嘱形式瑕疵和遗嘱无效的法律风险为律师办理业务总结经验和指引；另一方面，我们倡导律师以提供咨询的方式承接遗嘱服务，协助客户完成公证遗嘱办理。公证遗嘱交付过程中，律师有自己独立的服务价值。

（一）法律咨询

随着公共法律服务的推进，四川省内公证处普遍为 70 周岁以上的老年人提供免费的公证遗嘱服务，办理遗嘱公证和保管服务的收费均为公益性收费，公证处的工作量大，面临案多人少的局面。此外，针对立遗嘱人处理存款、房产等单一财产，公证员业务经验丰富，业务流程和监督机制较为成熟，但面对家庭财产复杂、立遗嘱人需求个性化的情况，公证处法律服务无法全面覆盖。

律师为客户提供遗嘱咨询，通过咨询解答给出建议。比如，有一对老年夫妇客户，他们想把自己名下的房产留给孩子和孙子，看似简单的一句话就能概括的诉求，要完成遗嘱订立并不简单。老夫妻相濡以沫几十年，他们采用"共同遗嘱"的方式准备了一套自书遗嘱和一套打印遗嘱，特别注明两夫妻中直到"最后死亡"才开始继承。老先生一人亲笔书写并签名，老太太在落款处签名，夫妻双方共同订立遗嘱这样的形式，不符合遗嘱订立的形式要件，在司法实务中被认定无效的风险极大；如果一方先去世，因客观原因另一方在去世前将财产处理或不按现在的"商议"进行，先去世的一方的意愿难以保证。

　　因此，我们通过普法释法、法律咨询，建议客户分别订立遗嘱，处理自己的财产份额，协助客户从订立遗嘱形式要件的完善，到遗嘱处分内容符合法律规定，帮助客户将自己的"意愿"落实到合法有效的法律文件上。我们也可以给客户提供遗嘱参考模板，结合他们的意愿进行修改、完善，待后面通过公证的方式订立遗嘱。

　　（二）法律审查

　　1. 财产核查

　　在我们的服务流程中有《材料清单》和《沟通记录》，律师与客户沟通的过程中就是确定财产的性质和个人财产的范围，并引导客户提供权利凭证，律师予以核对和检查，以确保立遗嘱人处分的财产是自己的财产，并无权利瑕疵。因此，在遗嘱中，结合客户处分的意愿，我们会协助客户明确列明本遗嘱所涉及的财产详情，并写出对上述财产的处置情况。权利属性明确的房子、汽车、股权、存款等处置问题不大，涉及一些特殊的财产权益处分就需要律师全面审查。

　　比如，立遗嘱人与拆迁单位签订的协议，对于未来取得的拆迁安置房能不能立遗嘱，是什么样的法律属性？律师会关注客户在遗嘱中处分的财产有哪些？财产权属情况如何？财产中有无查封、抵押、质押、冻结等限制处分的情况？财产中有无争议和纠纷？遗嘱中处分的财产凭证有哪些？

　　结合个案和公证处的要求，遗嘱内容拟定如下：

　　"我将上述《拆迁补偿安置协议书（统规统建安置）》项下属于我本人的全部合同权益指定由我的儿子××个人继承所有（不作为其夫妻共同财产，其配偶不享有份额）。若今后取得该协议项下的四套房屋（房屋今后地址以公安管理部门、不动产登记部门审核确定的地址为准），取得的四套房屋中属于我本人的全部产权份额也指定由我的儿子××个人继承所有（不作为其夫妻共同财产，其配偶不享有份额）"。

　　2. 继承人核查

　　我们以配合客户完成公证遗嘱为服务目的，继承人的核查工作可以参照公证遗嘱规则进行。

　　律师会关心客户的婚姻及家庭成员情况，以及指导客户准备相关的资料。

三代以内直系血亲的具体信息包括户籍信息、死亡证明的搜集整理需要专业人士指导。家庭成员关系证明是去户籍机关调取还是去父母单位查询档案，是去工作单位人事部门调取还是去区县档案局查档？谁去查档？持有什么证明资料去查档？这些看似简单的工作，对于客户而言并非易事。

关于继承人核查的结果，落在公证遗嘱中就是一段文字：

"立遗嘱人××根据自己的婚姻家庭情况，据实对自己的婚姻家庭情况自述如下：

立遗嘱人××至今的婚姻经历及子女情况：我立遗嘱人××至今只有一次婚姻经历，我与××（于××年在××去世）于××年登记结婚，我丧偶后至今未再婚。我与××生育有两个子女，分别是××、××，此外我再无其他子女（包括养子女和非婚生子女）"。

3. 遗嘱审查

我们在接待客户咨询的过程中会面临各自遗嘱效力的分析和解答，现结合我们发布的《关于遗嘱形式瑕疵的法律风险提示》，为保障遗嘱人遗愿实现，防范律师执业风险，针对遗嘱形式瑕疵的法律风险，我们做出如下提示与建议：

第一，签名、日期。实务中存在大量的遗嘱人未签名（如以捺指印、盖私章方式代替签名）、日期残缺（如只注明年、月，未注明日）等遗嘱形式瑕疵，从而导致遗嘱效力发生争议。

实务建议如下：

（1）遗嘱应当由遗嘱人本人亲笔签名，避免以捺指印、印私章的方式代替签名。遗嘱人系文盲的，可以由本人对照其姓名文字自行书写，不得由他人代为书写或通过肢体协助书写。对签名过程，可在录像时重点突出，并在笔录中特别注明。遗嘱人因肢体残疾、身体健康状况等客观原因无法书写其姓名的，可以考虑通过设立录音录像遗嘱或办理公证遗嘱处理。

（2）遗嘱上注明的日期应当完整，年、月、日三者齐全。

第二，涂改、增删。在遗嘱存在涂改、增删等情形时，当事人容易就遗嘱修改内容的真实性产生争议，难以确定是否为遗嘱人本人真实意思。

实务建议：遗嘱人确需修改遗嘱的，建议重新制作遗嘱；无法重新制作的，应当由遗嘱人亲自书写修改内容，并由遗嘱人在修改处签名，并注明年、月、日。

第三，见证人。实务中存在见证人与继承人或受遗赠人存在利害关系、未全程见证、未在遗嘱上签名、所签日期与遗嘱人注明日期不一致等形式瑕疵，由此影响遗嘱效力。

实务建议如下：

（1）遗嘱见证人对遗嘱的作用主要体现在：一方面，在遗嘱设立时，通过见证人在场见证的方式起到监督、证明作用，确保遗嘱人意思真实；另一方面，在发生纠纷后，通过见证人出庭作证的方式查明遗嘱的真实性。因此，为进一步保障遗嘱效力，在法定的最低见证人人数（两名）外，可考虑适当增加见证人人数，并优先选择身体健康、年纪较轻的见证人。

（2）见证人应当全程见证遗嘱设立过程，并在遗嘱上签名，见证人所签署日期应与遗嘱人注明日期一致。

（3）代书人的身份为见证人，应当满足法律关于见证人的资格要求。

（4）继承人、受遗赠人以及其他与继承人、受遗赠人存在利害关系的人不得担任见证人。

第四，律师见证。从相关判例来看，因相关规范的滞后，律师在办理遗嘱见证过程中存在不少诸如由继承人或受遗赠人办理委托手续、见证律师未在遗嘱上签名等形式瑕疵，从而导致遗嘱无效，以及当事人与律师事务所之间的赔偿纠纷。

实务建议如下：

（1）遗嘱见证应当由两名执业律师共同办理，全程进行见证。

（2）为避免承办律师与继承人、受遗赠人之间存在利害关系之嫌，应当由遗嘱人本人与律师事务所签订法律服务合同并支付律师费。

（3）律师见证遗嘱并非独立的遗嘱类型，见证律师的身份仍属于遗嘱见证人。因此，见证律师除了在见证书上签名外还必须按照法律规定在遗嘱上签名，并完整地注明年、月、日。

（4）见证律师应对遗嘱人口述遗嘱内容、代书人代书遗嘱、打印人打印遗嘱、遗嘱人确认遗嘱等遗嘱设立全过程进行见证；见证律师应避免以遗嘱人直接对提前制作好的书面遗嘱进行确认的方式办理遗嘱见证。

（5）为确保遗嘱效力，建议对遗嘱设立过程全程录像。

（6）律师应当协助遗嘱人选择符合法定要求的代书人及其他见证人。

（7）基于"证人优先"原则，律师办理遗嘱见证后不宜再代理后续继承纠纷案件。

（三）财产清单

我们会给客户一份《财产详情汇总表》，其中包括财产名称、坐落位置/品牌型号/账号/其他、购买时间/开户行、购买金额、支付情况、登记状况、使用现状、估算价值以及最后的分割方案。

前面提到的《客户沟通记录》也强调了律师引导客户提供资料的重点，该部分结合《财产详情汇总表》是从"权利凭证"的重点去梳理每一项客户拟立遗嘱处分的财产是不是"个人合法财产"。

（四）第三方对接

1. 行为能力鉴定

《中华人民共和国民法典》第一千一百四十三条规定，无民事行为能力人或者限制民事行为能力人所立的遗嘱无效。遗嘱必须表示遗嘱人的真实意思，受欺诈、胁迫所立的遗嘱无效。因此，立遗嘱人是不是必须做"行为能力鉴定"，法律法规并没有具体规定，而是根据立遗嘱人是否具有行为能力来判断。

根据《中华人民共和国民法典》规定，成年人为完全民事行为能力人，可以独立实施民事法律行为。不能辨认自己行为的成年人为无民事行为能力人，由其法定代理人代理实施民事法律行为。不能完全辨认自己行为的成年人为限制民事行为能力人，实施民事法律行为由其法定代理人代理或者经其法定代理人同意、追认；但是，可以独立实施纯获利益的民事法律行为或者与其智力、精神健康状况相适应的民事法律行为。因此，律师事务所接受委托、公证处接受申请、法院提起诉讼等都需要判断当事人的行为能力。如果我们无法识别立遗嘱人是不是处于"不能完全辨认自己行为""神志清醒"的状态，就应该做行为能力鉴定，避免所立遗嘱发生争议。

有经验的公证员会通过录音、录像的"交流"来固定立遗嘱人对答如流、神志清醒的状态。鉴定机构的鉴定人员除了根据鉴定流程、专业经验进行判断，仍会参考申请人的病情诊断、检查记录、住院档案等材料予以佐证。我们为客户提供专项法律服务，遗嘱必须表示遗嘱人的真实意思。人民法院审理继承纠纷，如果遗嘱不能反映立遗嘱人真实意思表示，则该遗嘱有被确认为无效的法律风险。

2. 公证处

公证是公证机构根据自然人、法人或者其他组织的申请，依照法定程序对民事法律行为、有法律意义的事实和文书的真实性、合法性予以证明的活动。公证制度是国家司法制度的组成部分，是国家预防纠纷、维护法制、巩固法律秩序的一种司法手段。公证机构的证明活动与人民法院审理案件的诉讼活动不同。前者是在发生民事争议之前，对法律行为和有法律意义的文书、事实的真实性和合法性给予认可，借以防止纠纷，减少诉讼，它不能为当事人解决争议。而人民法院的诉讼活动，则是在发生民事权益纠纷并由当事人起诉之后进行，其目的是做出裁决。

公证处是依法设立，不以营利为目的的，依法独立行使公证职能、承担民事责任的证明机构。我们为客户提供"订立有效遗嘱"的服务，虽然客户可以选择自书遗嘱、代书遗嘱、打印遗嘱等，但是我们仍然建议客户明确遗嘱内容后，还是通过公证处立一份遗嘱，如果被继承人对遗嘱持有异议，公证遗嘱的公信力很强，法院认定公证遗嘱无效的概率很低。

我们在为客户对接公证服务时，律师助理会将办理公证的具体要求告知客户，协助客户提前准备资料，陪同客户办理公证。我们基于办理遗嘱继承纠纷的经验，在陪同客户办理公证遗嘱的过程中，也会监督公证程序是否合法合规，以确保公证遗嘱的法律效力。

二、监护协议

当今社会意外事故多发，老年人生病后成为非完全民事行为能力人的情况并非少见。当人们失能失智时，是否能完全信任自己的监护人？生病陷入昏迷之时，如何确保疾病能得到及时救治？另一半是否会全心全意照顾他的生活直至康复？年迈的父母是否仍有能力看护他？子女是否有足够的时间精力照顾他？如何在家庭的纷争中确定对他最为有利的监护人？如何确保他的财产能得到妥善的处理？面对这些未知的问题，意定监护制度能帮助大家未雨绸缪，转危为安。

意定监护是指具有完全民事行为能力的成年人可以与其近亲属、其他愿意担任监护人的个人或者组织事先协商，以书面形式确定自己的监护人。协商确定的监护人在该成年人丧失或者部分丧失民事行为能力时，履行监护职责。意定监护制度具有普遍保护完全丧失或者部分丧失民事行为能力的成年人的重大意义。

我们在做传承或者专项服务的过程当中，除了做遗嘱，通常还会建议客户尤其是老年人最好再做一个意定监护，签订一份意定监护协议。

意定监护有什么好处？遗嘱是你对去世之后的财产按照自己的意愿来安排，意定监护是你生前为自己做的安排。如果日后你成为一个无民事行为能力人，当你现在还很清醒的时候，可以对你陷入这种丧失行为能力的状态下，对自己的生活进行一个预先的安排。比如：你的生活应该保证什么样的品质，当你陷入昏迷的时候是要救治还是要放弃，可以放弃什么样的医疗指标，要不要进行医疗救助，财产具体应当怎样安排和监管。律师可以通过一系列流程，帮助客户安排意定监护协议。你提前选定的监护人是优于法定监护人的。这个"生前环节"无法在遗嘱中进行，但可以在"意定监护协议"的委托事项中把自己的意愿充分地表达出来。

根据我们的调研和经验，意定监护协议是一种特殊委托合同，目的不在于经济交易，而是侧重体现"自主决定权"和"生活正常化"，在监护协议的设计上应该从内容和程序予以规范。

第一，关于意定监护协议内容。首先，合同订立需要老年人具有完全民事行为能力；其次，合同的内容由当事人约定，建议评估并划分等级来确定不同监护手段，设立强制性与选择性事项，按需监护。同时，我们要细化合同成立、生效、变更、终止、撤销等情形。法律上合同成立不等同于合同生效，合同自当事人签字或者盖章时成立，当其丧失或者部分丧失行为能力时生效。可协商约定当被监护人有轻微失能但不能被认定为部分丧失行为能力，依实际需要又应当及时被监护的情况，合同生效；合同变更情况自主协商，如被监护人死亡或恢复行为能力时合同终止。此外，因欺诈胁迫使当事人违背真实意思签订协议的，无过错方可撤销；合同生效后，被监护人享有自主撤销权，其近亲属、利害关系人或组织依法享有申请撤销权。

第二，关于意定监护协议程序。意定监护协议须以书面形式订立，可由委托人自书或他人代书，并建议参照《中华人民共和国民法典》关于遗嘱形式要件等规定，由委托人亲笔书写、签名，注明年、月、日；代书时应当有两个以上见证人在场见证。我们鼓励进行公证，在订立合同的过程中进行完整不中断的录音录像并作为证据保存等。

因此，本节的监护协议侧重于律师为客户提供"意定监护"专项服务时需要交付的协议，对律师提供服务需要关注的要点进行指导。本节重点是分享"监护协议"的条款设计重点，为便于表达，会援引部分条款内容供读者参考，故下面出现的甲方特指委托人，乙方特指受托方、意定监护人，丙方特指监督人。

（一）人选

《中华人民共和国民法典》第三十三条规定："具有完全民事行为能力的成年人，可以与其近亲属、其他愿意担任监护人的个人或者组织事先协商，以书面形式确定自己的监护人，在自己丧失或者部分丧失民事行为能力时，由该监护人履行监护职责。"第二十八条规定："无民事行为能力或者限制民事行为能力的成年人，由下列有监护能力的人按顺序担任监护人：（一）配偶；（二）父母、子女；（三）其他近亲属；（四）其他愿意担任监护人的个人或者组织，但是须经被监护人住所地的居民委员会、村民委员会或者民政部门同意。"

因此，成年人设定任意监护人，应当在本人具有完全民事行为能力时，依照自己的意思选任监护人，并且与其订立意定监护协议，将有关自己的监护事务全部或者部分授予意定监护人，在本人丧失或者部分丧失民事行为能力的事实发生后生效，产生监护关系。意定监护人应当具有完全民事行为能力，在自己的近亲属或者其他与自己关系密切、愿意承担监护责任的个人或者有关组织中选任。

我们给客户的建议是排除失信被执行人、与被监护人有过或正有诉讼纠纷的人、失踪或下落不明的人、无经济能力的人、老年人、怠于履职被法院依法撤销其监护资格的人、曾经侵害其权益现在仍有侵害可能性的人，以及被管制、拘留、拘役、被判处有期徒刑等被限制人身自由的人；排除被列入失信被执行人名单的企业、被宣告破产或者即将破产的企业。客户可选择一名或多名监护人，后者必须在协议中明确规定分工协作、专于事务；否则意见不合时监护事项可能被怠滞。

（二）事项

《中华人民共和国民法典》第三十五条规定："监护人应当按照最有利于被监护人的原则履行监护职责。监护人除为维护被监护人利益外，不得处分被监护人的财产。……成年人的监护人履行监护职责，应当最大限度地尊重被监护人的真实意愿，保障并协助被监护人实施与其智力、精神健康状况相适应的民事法律行为。对被监护人有能力独立处理的事务，监护人不得干涉。"

引导意定监护人与被监护人对未来可能关注的协议内容，律师从人身照管、医疗救助、财产管理、权利维护四个方面帮助客户表达"真实意愿"。监护协议具体约定的内容可以参考如下：

（1）人身照管。人身照顾与管理可以从日常饮食、养老疗养、日常起居、证件保管等方面考虑，具体协议内容可以参考：①照顾被监护人的生活起居，助餐、助浴，保证被监护人身体及衣物的清洁；②代理被监护人对其入住的养老机构的服务质量进行监督及提出改进建议等；③保管被监护人的身份证、印鉴、社保卡、老年证等证件。

（2）医疗救助。医疗救助的内容主要包括：代理被监护人选择和决定医疗机构、缔结医疗服务合同、签署术前同意书、救治手术方案、特殊治疗、特殊检查同意书、支付医疗费用、查阅领取病例档案、办理入出医院手续、临终关怀等。

（3）财产管理。财产保管主要包括对被监护人不动产、车辆、收藏字画及其他重要财产的保管；对存款、存折、银行卡、工资卡、基金、股票等金融财产进行保管；对房屋产权证书、股权证书、车船产权证等重大书面权利凭证的保管；对日常收支账目和账户的管理。具体条款内容可参考：①代理被监护人对退休金、租金、股权收益的收取；②代理被监护人对存款、基金、股票的收取；③代理被监护人对房租、公共费用、住院医疗费用、入住养老机构费用的支付；④代理被监护人支付生活费、日用品的花销；⑤代理被监护人缔结保险合同以及保险金的受领和管理；⑥代理被监护人处理小额债权债务事项，处理大额债权债务需会商监督人且取得监督人书面同意；⑦其他涉及财产监护管理的事项。

（4）权利维护。权利维护包括保险申领、代理诉讼及非诉维权、料理后事三个方面的内容。例如，作为民事代理人，代理被监护人进行非诉和诉讼活动，包括但不限于向人民法院提出诉讼请求、聘用律师、参与诉讼、签署调解协议、签收法律文书、申请强制执行，向人民法院申请认定被监护人无或者限制民事行为能力，申办监护资格公证，申请司法鉴定，领取医疗诊断、司法鉴定报告，申请社会福利补助、长期护理保险，办理户口迁移等。

（三）权利

根据《中华人民共和国民法典》第三十四条规定："监护人的职责是代理被监护人实施民事法律行为，保护被监护人的人身权利、财产权利以及其他合法权益等。监护人依法履行监护职责产生的权利，受法律保护。监护人不履行监护职责或者侵害被监护人合法权益的，应当承担法律责任。因发生突发事件等紧急情况，监护人暂时无法履行监护职责，被监护人的生活处于无人照料状态的，被监护人住所地的居民委员会、村民委员会或者民政部门应当为被监护人安排必要的临时生活照料措施。"

第一，关于意定监护受托方的权利义务约定。

乙方作为受托方的权利和义务条款设计供大家参考：

（1）乙方有获得报酬的权利。

（2）乙方履行其监护职责时，应当在法律允许的范围内行使监护权，并且要尊重甲方的意愿，同时还要照顾其身心状态及生活状况，保护甲方的生命和健康安全，维护其人格利益。

（3）为了即时履行监护义务，自本合同签订之日起，乙方须每周与甲方电话联系一次，两周见一次面，确保及时、准确地了解甲方的身体状态。

（4）积极、负责地为履行本合同约定的监护职责，依法切实保护甲方的人身、财产权益。

（5）乙方处理合同约定的监护事务时必须制作工作日志，详细记录处理事务的经过、日常开销费用及支出用途等，并保存票据，方便时及时通报丙方。

（6）乙方每季度末须向丙方提交本季度的工作日志及相关资料（包括金钱出纳账、存款明细、发票、转账凭证、存折等复印件），重大支出及时提交。

（7）乙方应当亲自处理本合同约定的监护事务。经商请丙方同意，乙方可以转委托，转委托一事一商。转委托经同意的，乙方要对第三人的选任及其对第三人的指示承担责任；转委托未经同意的，乙方应当对转委托的第三人的行为承担责任，但在紧急情况下乙方为了维护甲方的利益需要转委托的除外。

"紧急情况"是指由于急病、通信联络中断等特殊原因，甲方自己不能办理监护事项，又不能与丙方及时取得联系，如不及时转托他人办理，会给甲方的利益造成损失或者扩大损失。

（8）为了筹措护理、住院费用，并取得丙方同意的情形下处分甲方的不动产时，在交付或拆毁前，要对房屋内进行清查，整理甲方的财物。

（9）在处理涉及甲方人身重大医疗决定、处理放弃继承、放弃较大数额的债权等事务时，有向丙方报告征得其书面同意的义务。

（10）将甲方的各项财产收入及时转入由丙方保存的甲方的指定账户。

第二，关于意定监护监督人的权利义务约定。

在意定监护协议中，我们通常会设立一个意定监护监督人，其主要职责是：在监护人侵占被监护人财产或监护人重大过失行为致被监护人财产损失时，代表被监护人向法院起诉等方式向乙方追偿；其他涉及财产监护管理的事项；在监护人不积极履行职责时向监护人进行警示，经多次警示无效时，代表被监护人向法院起诉恢复法定监护。

监督人作为丙方的权利和义务条款设计供大家参考：

（1）监督乙方的代理、管理行为，有查验乙方定期提交的记载事务处理状况的工作日志及相关资料的权利和义务。

（2）有权随时要求乙方向自己报告监护事务处理状况及财务收支状况。

（3）丙方可以随时查阅乙方在监护过程中制作的监护记录、财产处置记录、日常开支单据等，调查甲方的财产状况。

（4）对涉及甲方重要人身利益及财产利益的重大事项，享有批准权。这些事项包括但不限于：处分不动产、车辆、收藏字画、对继承权益的拒绝或放弃、重大疾病的治疗措施的选择、对数额较大的债权的放弃、为甲方选择住所等。

（5）在"紧急情况"下，在乙方的代理权限范围内，亲自做必要的处分。此处的"紧急情况"是指乙方因客观原因（如生病、不在现场等）无法执行监护事务，不迅速采取措施就会给甲方带来损害的状况。

（6）在乙方对甲方人身、财产权益等出现重大侵权行为时，或者乙方不依约履行监护职责，不宜继续担任甲方的监护人时，有权依法要求乙方赔偿其对甲方造成的损失，并有权要求终止监护协议。

（7）按月将甲方日常生活所需开支打入乙方账户、重大开支按乙方提供的信息并经核实后打入相关的医院、养老机构等甲方实际消费的单位账户。

第三，关于意定监护报酬条款的设计。

意定监护协议是否给付报酬，双方应在协议中约定。意定监护无报酬的条款可以约定为：乙方履行监护职责不收取酬金。乙方因履行监护职责，安排甲方的生活、医疗、康复、债务、诉讼、管理财产、丧葬等所发生的费用，均由甲方承担，从甲方的财产中支出。

意定监护报酬及支付方式条款可以约定为：①乙方的意定监护报酬为每月××元人民币（大写），丙方的监督报酬为每月××元人民币（大写）。②支付时间为监护开始后的每月××日。③支付方式为：丙方每月按照约定时间将双方的报酬一并从甲方的账户中转账给乙方，乙方再将丙方的监督报酬转给丙方，并将转账凭证记账保存。

第四，关于意定监护协议解除和终止条款设计。

在甲方事实上丧失或部分丧失民事行为能力时起，意定监护合同生效，乙方即根据本合同行使监护职责，丙方同时开始行使监督职责。此处的"丧失或部分丧失民事行为能力"是指甲方的身体机能衰退，记忆能力和判断能力下降，事理辨识能力不足。

关于合同的解除和终止条款参考如下：

1. 意定监护合同生效前，合同解除的情形

（1）甲方在见证人的见证下随时可以解除合同。

（2）乙方死亡的。

2. 意定监护合同生效后，出现下列情形之一，合同解除或终止

（1）因乙方年老、疾病或迁居外地等原因，无法继续履行意定监护事务的。

（2）乙方因与甲方或其亲属之间发生矛盾，不适合继续执行意定监护事务的。

（3）因乙方不履行监护职责，或滥用职权侵占甲方的财产、私自挪用甲方财产，侵害甲方的合法权益的。

（4）甲方死亡后，乙方已按照合同约定处理完毕死后事务及财产继承事务的。

（5）作为意定监护人的乙方死亡或丧失民事行为能力的。

（6）甲方恢复民事行为能力的。

因上述第（1）种情形和第（2）种情形导致合同解除时，乙方应为甲方申请法定监护。乙方出现第（3）种情形时，丙方应向法院申请解除意定监护合同。因第（5）种情形引起的合同终止时，丙方须通知甲方的亲属或直接为甲方申请法定监护。

第五，关于责任追究条款设计。

责任追究条款的基本原则是：监护人不履行监护职责或履行职责不当，侵害被监护人合法权益，给被监护人造成财产损害的，监护人应承担赔偿责任。由于监护人消极怠慢疏于管理，被监护人给第三人造成损害的，监护人应当承担相应的民事责任，如果能够证明自己确实无过错的，可以免责。

条款设计参考如下："第××条　违约责任　1. 乙方不履行监护职责或履行职责不当，侵害甲方合法权益，给甲方造成财产损害的，乙方应承担赔偿责任。2. 由于乙方消极怠慢疏于管理，甲方给第三人造成损害的，乙方应当承担相应的民事责任，如果能够证明自己确实无过错的，可以免责。"

（四）流程

整个监护协议的流程基本就包括了以下几个步骤：①监护人资格调查和职责告知；②被监护人完全民事行为能力鉴定；③意定监护协议（人身、财产）和公证；④法定监护人同意或告知书；⑤意定监护安排与后续修订与调整。

三、代持协议

代持协议既可以运用于前面企业家的案例中，也可以运用于普通的家庭

中。生活中代持协议常见于购房和股权，如父母出资买房的案例，借名买房行为就可以签订房屋代持协议，隐名出资设立公司的情况可以签订股权代持协议。在房屋"限购"的背景下，借名买房或房产代持的现象客观存在。借名人出资买房，房款金额较大，享受了被借名人的"购房资格"，如果双方不协商一致并签订书面协议，亲戚朋友之间发生纠纷并不少见。一种极端情况是，如果你出资购房登记在亲妹妹的名下，此时妹妹与妹夫出现婚姻危机，且没有证据证明这个房产系"代持"，则房屋极有可能作为妹妹的夫妻共同财产进行分割。因此，代持协议重要的功能是还原协商内容和出资事实，即使协议双方约定房屋所有权的归属有可能违反限购政策导致条款无效，但代持协议仍然具有证据保全的作用。我们以"借名买房"为例，解读"代持协议"的相关服务重点。

（一）事实确认

我们要对签订合同、房屋贷款、实际出资、证照保管等事实进行确认。为便于表达，以下示范甲方为房屋出资方（隐名人），乙方为房屋买入方（代持人）。

（1）签订合同：代持人与开发商签订的房屋买卖合同的基本情况，包括签订合同的名称、时间、房屋坐落、房产信息、产权登记等。例如：乙方与××地产开发有限公司已于××年××月××日签订了《××商品房买卖合同（预售）》，购买了位于××市××区【合同签约备案号：××】房屋一套，产权将登记在乙方名下。

（2）出资情况：所购房屋总价格，借名人与代持人支付款项和按揭款的情况。例如：上述所购房屋总价为人民币××万元，其中首付款为人民币××万元，银行按揭贷款为人民币××万元，按揭贷款采用等额本息还款方式，现每月还款为人民币××元。以乙方名义与××银行签订《个人购房借款合同》，其首付款由甲方于××年××月××日以银行转账方式付款。上述所购房屋首付款人民币××万元均由甲方出资，乙方未出资。以乙方名义向银行申请的上述所购房屋抵押贷款为人民币××万元，每月还款为人民币××元，一直由甲方偿还，乙方未承担还款义务。

（3）其他出资：购买房屋所涉及的维修基金、税费及物业管理费等与该房屋所涉的全部费用由谁支付。

（4）证照保管：购买上述房屋项下的《房屋买卖合同》《物业管理服务合同》等书面文件由谁持有和保管，以后关于该房屋取得的一切手续、资料（包括但不限于不动产权证书、不动产登记证明、完税证明、交款凭证等）又由谁持有和保管。

（二）代持人承诺

借名买房的实际出资方最担心的就是代持人擅自处分房屋和怠于协助返还房屋办理过户登记等事实，因此代持人需要明确知晓并承诺的内容包括：

（1）不擅自处分。未经房屋出资人的书面同意，代持人不得私自处分房屋，处分方式包括但不限于转让、抵押、出租、赠与等。

（2）协助义务。如上述房屋动产权证完理后，代持人承诺在出资人要求时将该房屋过户到出资人名下，但所涉过户费、税费等全部由房屋出资人承担，借名人不承担任何费用。

（3）违约责任。如代持人擅自转让房屋的，代持人应将所收房屋转让价款全部返还出资方，同时应向出资人支付违约金，违约金标准可以按双方发生争议时上述房屋的市场价格为基数协商约定 10%~30% 的违约金。如出资人损失大于违约金的，代持人还应向出资人支付不足部分。擅自抵押、出租、赠与上述房屋的，或者不按出资人要求将房屋过户给出资人的，出资人有权要求代持人归还全部房屋购房款，并按双方发生争议时上述房屋的市场价格为基数，向出资人支付违约金；如出资人损失大于违约金的，还应向出资人支付不足部分。

（4）收益归属：一般约定房屋产生的全部收益均归出资方所有。代持人不收取任何费用，也不要求出资方支付报酬。

（三）隐名人承诺

代持人可以无偿帮忙登记，但比较关心的是不要给自己增加负担。在协议设计时，隐名人承诺内容主要包括费用承担、经济补偿和违约赔偿三方面的内容，以解除代持人后顾之忧。比如，甲方在上述房屋内居住，因甲方居住所产生的相关法律后果和经济赔偿责任均由甲方承担，乙方概不承担。又比如，甲方应按乙方与银行签订的贷款合同约定按时支付银行贷款，如因甲方未按约定还款，造成乙方承担法律后果和经济损失的，由甲方全部赔偿；同时应向乙方支付××万元赔偿金。

（四）争议解决

协议应当为双方自愿签订，不得用于对抗善意第三人。双方仅为明确法律事实、预防纠纷，没有恶意串通，损害国家、集体或者第三人利益的情形。如本协议生效后在执行中发生争议的，双方应协商解决，协商不成，任何一方均可向人民法院提起诉讼，也可以约定具体管辖法院。双方发生争议时，整套房屋的市场价还可以约定甲方委托有资质评估机构进行评估确定，乙方对该评估机构确定的市场价不得有异议。

（五）附件留存

在房产代持的协议里，其实我们更多是考虑证据的作用。我们建议在协议中还原一些基本的事实，如实际出资人是谁，他是全款支付的还是贷款支付的，维修基金、税费、物业费具体是由谁来支付；证照、房产证、合同这些资料是由谁保管；房产代持人承诺不能擅自转让，包括违约责任甚至婚姻风险，我们都可以把它在协议当中进行固定。相应的附件资料包括双方当事人身份证复印件、房屋买卖合同、个人购房借款合同、物业服务合同、首付款支付凭证、不动产权证书、完税证明、交款凭证、还按揭款的银行流水等，均可以作为合同附件留存。

股权代持也是一个类同的概念。我们会还原基本事实，以实际出资人和名义出资人对股权的出资情况、权利分配、表决权行使、违约责任等问题在股权代持合同中进行约定。有的合同条款会被认定无效，但是无效的合同同样也很重要，它可能会起到重要的证据作用。

四、赠与协议

在我们工作当中，还有一个比较重要的协议就是赠与协议。父母出资买房通常会有三种法律关系：代持、赠与、投资，不论父母的真实意思是什么，律师都建议家庭成员之间签订相关协议以还原事实、避免争议。从原《中华人民共和国婚姻法》到《中华人民共和国民法典》的相关司法解释，都有父母出资买房"推定"赠与的条款，前后变化较大。归根结底，这是因为父母在出资的时候并没有与子女签订书面协议，明确是对自己孩子的赠与。在没有这样明确意思表示的情况下，法律规定进行了一种行为上的推定，有可能这种推定与事实不一致，这就需要我们通过协议的方式还原父母出资的真实意愿。

父母出资买房的赠与又分为赠与房产和赠与资金两种情况，我们现以赠与房产为例，示范赠与协议的要点。

（一）赠与财产

赠与协议可以帮助我们确认赠与财产的重要证据。比如，在父母出资买房个案当中我们会写清楚，赠与的现金究竟归谁，如果是归儿子个人所有，儿子就是受赠与人。那这笔金额是做什么用的呢？是用于购买房子，并且写清楚购买房子的具体位置。更为重要的是如果孩子已婚，那么父母的出资究竟是对谁的出资。通过这样的协议，可以明确赠与人是对自己孩子个人的赠与而不是作为夫妻共同财产的赠与。

（二）交付时间和方式

交付时间和方式包括房子相关的交付时间、地点，以及转款的指定账号、方式。

（三）对己方子女赠与

赠与问题除了是一种单方赠与之外，受赠人还可以进行意思确认，是否以文书或收据的方式。如父母赠与房子给我，我需要对赠与的财产有一个知情权。

（四）附加条件

有些老年人直接把房子过户给孩子，我们还是会建议他做一个附加条件的赠与。当然每个案件中会不一样。还有一些特定财产的赠与如父母出资购买的保险，也会涉及一些更为复杂的问题。

附加条件中也可以对财产监管、改变用途、擅自出售、居住权、养老等内容进行具体约定。

（五）其他事项

在其他法律事项中主要包括法律适用、争议解决和协议生效三个内容。本协议适用于哪国法律，存在争议时的解决方式和协议生效的日期、协议份数等。

五、婚前财产协议

婚前财产协议的概念并未出现在具体的法律条文之中，关于婚前财产协议概念的理解在司法实践中存有不同的观点。大多数人认为，婚前财产协议是指男女双方在结婚登记之前就双方各自婚前、婚后所得的财产的归属所做的约定。约定的内容可以是婚前财产及婚后各自所得归各自所有，也可以约定为共同所有。过去，人们生活水平普遍较低，即使拥有一些个人财产但数量也不多，再加上传统观念的束缚，故而较少人达成婚前财产协议。随着中国经济的不断发展，人们拥有的婚前财产越来越多，同时整个社会的观念也更加理性，达成婚前财产协议就成了新趋势。

婚姻本来就应该是以爱情为基础，达成婚前财产协议不仅不会淡化这一点，反而由于对婚前财产的归属有了明确的约定，从某种程度上是强化了婚姻的爱情基础。另外，由于现代社会的离婚率越来越高，而离婚时双方争议最大的一个问题就是财产问题，与其到时双方为财产的所有权争执不休，不如未雨绸缪事先做出约定，这样一旦婚姻不幸走到了尽头，双方可以免去很多不必要的纷争。因此，签订婚前财产协议就自然而然具有了以下优势：明确男女双方婚前财产的范围，避免将来不必要的财产纠纷；确定双方婚后财产的使用方法，是采用共有财产制还是区别财产制；为将来的婚姻风险提供证据支持。

婚前协议中仅应对特定财产在夫妻关系存续期间是个人财产还是共同财产做陈述性表述，切忌使用诸如"离婚时财产归谁所有"之类的表述，避免被错误解读为是对离婚时财产如何分割做出的约定。一般关于婚姻财产的约定有三种类型：①婚后财产全部为个人所有、无婚后共同财产；②婚后财产部分为个人所有，部分为夫妻共同所有；③婚前、婚后财产全部为夫妻共有。目前，较为多见的使用场景是前两种。

婚前财产协议重点适用于两类人群：一是初婚时男方与女方个人财产差距较大；二是老年人再婚时避免子女担心并配合遗嘱进行安排。特别提示：一方面，为保护财产独立性，结婚后应注意自己资产与对方资产的隔离，避免混同（尤其是货币资产）；另一方面，为保护婚后为照顾家庭投入更多甚至全职一方的利益，应特别注意约定对该方进行经济补偿、财产照顾的内容。

婚前财产协议约定的重点在于婚前财产原则与细则、婚后财产原则与细则、债权债务的确定原则与细则、共同生活基金与抚养赡养经费（若有）。

（一）婚前财产归属

《中华人民共和国民法典》规定，一方的婚前财产、遗嘱或者赠与合同中确定只归一方的财产等为夫妻个人财产，但夫妻在婚姻关系存续期间生产、经营、投资的收益为夫妻的共同财产。婚前财产的投资收益为共同财产，而婚前财产的形式转化也容易转化为共同财产。

第一，婚前财产约定的原则。

婚前财产全部为个人所有，无婚后共同财产类型，男方与女方通常确认以下内容：结婚前及婚姻存续期间的财产，无论是何时以何种方式获得的，无论谁出资，无论婚姻关系存续期间是否有共同还贷、是否存在共同生产/经营/投资等任何情形，且无论另一方是否知悉该等财产的存在，各自名下登记的或者各自保管或掌握的一切财产，该等财产或者因该等财产产生的任何收益（包括但不限于孳息、自然增值、生产/经营/投资收益、交易所得对价），均为各方的个人财产，归各方单独所有，在任何时候都不属于夫妻共同财产。双方经约定同意，婚姻关系存续期间没有夫妻共同财产，双方对各自名下的财产均有完全自由、独立的处置权，对各自财产的处置无须征得对方同意，对方亦无权干涉。

（1）双方各自名下的婚前财产在婚后属于一方个人财产，各方对自身婚前财产享有完整所有权，包括但不限于使用、出售、管理、经营、赠与等权利。该权利不因婚姻的缔结而受到任何形式的侵害。一方为了实现上述权利须由另一方协助签署的文件，另一方不得拒绝签署，但文件的签署不得对协助方造成任何法律或经济上的义务或负担。

（2）因各自婚前财产的处分产生的收益由个人享有，各项税费由财产所有人自行承担，一方不得向另一方主张因个人婚前财产而产生的收益或增值。

（3）各方以婚前财产或其他个人财产投资于公司或企业，基于该投资所享有的收益归投资人个人所有。例如，如果不进行特别约定，婚前股权在婚后分红属于典型的夫妻共同财产；婚前股权在婚后进行股改、融资上市会涉及自然增值和主动增值的区分，也容易引发纠纷。

（4）各方婚前财产因使用而变换财产的表现形式不改变婚前财产所有权的性质。比如，男方将婚前个人所有的房屋变卖后作为首付款，又以夫妻双方形式签订购房合同，以夫妻共同财产形式按揭一套住宅，并用婚后所得工资、薪金收入共同还贷。在这种情况下，如果双方对财产未进行特别约定，婚前个人财产极易转化为夫妻共同财产。

第二，婚前财产的细则。婚前财产细则需写明房产、车辆、存款及理财产品、其他个人财产的具体信息和权利归属。

（1）房产。载明××房屋为男方（或女方）婚前个人财产（注明房屋位置、房屋所有权证号/不动产权证号），并约定房产在婚后取得的租金等收益，及出售所得房价款（包含了婚后产生的增值部分），亦属于男方（或女方）个人财产。

（2）车辆。载明以下车辆为男方（或女方）婚前个人财产，男方（或女方）同时享有对以下车辆变卖、出租、出借、抵押或使用所获收益的权利（注明车辆型号、发动机号、车牌号等）。

（3）存款及投资理财。双方约定，各自名下账户内的存款及投资理财等财产，连同其在婚后所得的收益，均属于各自的个人财产。

（4）其他个人财产。以下财产为男方（或女方）婚前个人财产，男方（或女方）同时享有对以下财产变卖、出租、出借、抵押或使用所获收益的权利（具体包括家用电器及电子产品、家具、珠宝首饰、保险、其他财产）。

（二）婚后财产归属

如果没有书面约定，我们国家适用婚后所得共同制。因此签订《婚前财产协议》主要是针对婚前财产为个人所有，婚后是否为夫妻共同所有进行约定，具体可以约定为婚后财产为个人所有、为夫妻共同所有；或者婚后所得的收入是否为个人所有。《婚前财产协议》侧重于约定"例外"情形。

男方与女方对于婚后财产的约定，一般确认为：除本协议中列明为双方夫妻共有的财产或者直接登记为双方共有的财产以外，双方结婚前及婚姻存续期间的其他财产，无论是何时以何种方式获得的，无论谁出资，无论婚姻关系存续期间是否有共同还贷、是否存在共同生产/经营/投资等任何情形，且无论另一方是否知悉该等财产的存在，各自名下登记的或者各自保管或掌握的一切财产，该等财产或者因该等财产产生的任何收益（包括但不限于孳息、自然增值、生产/经营/投资收益、交易所得对价），均为各方的个人财产，归各方单独所有，在任何时候都不属于夫妻共同财产。双方经约定同意，双方对约定为夫妻共有或者登记为共有的财产具有共同、平等的处置权。除此以外，双方对各自名下的其他财产均有完全自由、独立的处置权，对该等财产的处置无须征得对方同意，对方亦无权干涉。

《婚前财产协议》比较关注的财产约定内容如下：

（1）收入。婚后取得的收入，包括但不限于工资、奖金、报酬、其他劳动收入为个人财产，以前述劳动收入投资所得财产或收益、孳息等为个人财产。关于基金/股票/理财产品的条款，例如：【男方】在【××】开立的【××】账户及该账户中对应的全部资产，无论男方及女方对其进行何种操作、是否增加投资，结婚前及婚姻关系存续期间该账户内全部资产及任何收益均始终为【男方】个人单独所有，不属于夫妻共同财产。又如：【男方】在【××】开立的【××】账户及该账户中全部的资产、收益，自双方领取结婚证之日起均为夫妻共同财产。

（2）父母赠与。任何一方父母在婚后出资，登记在自己子女名下的房产、股票基金等有价证券、公司股份、基金理财等财产，均属于出资人对自己子女个人的赠与，不属于夫妻共同财产，相关财产在婚后产生的亏损或收益，无论是否由本人实际管理或经营，亏损均由各自承担，收益均归各自所有。

（3）受赠与继承。任何一方在婚后受赠与或继承所得的财产均为个人财产，亦归各自所有，无论是否实际分配到各自名下，均不影响个人财产的属性。各方以婚后受赠与或继承所得的个人财产进行投资产生的增值、收益等均为个人财产。

（4）不动产。婚前由一方购买，婚后继续由双方共同还贷的不动产，该不动产产权已登记在一方名下的，属于该登记方的个人财产。但登记方需对另一方为共同还贷支付的款项进行补偿。

关于房产的约定，例如：登记在【男方】名下的，位于【××】市【××】区【××】的房产（房产证号为：【××】），在结婚前及婚姻关系存续期间始终为【男方】个人单独所有，双方在婚姻关系存续期间偿还的购房贷款、在该房产上的任何投入及房产的增值、收益亦全部为【男方】个人单独所有，不属于夫妻共同财产。又比如：登记在【男方】名下的，位于【××】市【××】区【××】的房产（房产证号为：【××】），无论结婚前出资情况如何，自双方领取结婚证之日起，该房产及所涉全部出资、增值、收益等均为夫妻共同财产。

【男方】应当在领取结婚证之日起【××】日内办理完毕该房产的所有权人变更登记手续，将女方列为共同共有人。

（5）受让。婚后通过他人转让取得并登记于一方名下的财产，包括但不限于房产、公司股权及红利、股票、现金、车辆等，归登记权利人个人所有，因此产生的收益及增值或投资所得也归个人所有。

（6）收益。各方以婚前财产或其他个人财产购买的房产、股票、公司股权、基金、债券、金融产品、黄金或古董等财产，在婚姻关系存续期间产生的收益及增值部分，归个人所有；因用于储蓄、出借给他人产生的利息或收益归个人所有。

（7）保险。婚后一方作为投保人购买的保险，属于投保人的个人财产。双方互为被投保人的，一旦婚姻关系终结，应变更被投保人或受益人。婚后为子女所购买的保险，视为双方对子女的赠与；一旦婚姻关系终结，有抚养权的一方须继续缴纳保险费。婚后用共同财产缴纳保险费，婚姻关系存续期间退保的，保险金及红利应平分。其他有关保单归属的未尽事宜双方可另行书面约定，该书面约定作为本协议的附件，同本协议具有同等效力。

（8）股权。一方或双方为有限责任公司股东的，应写明标的公司的名称，由于是概括式对婚前、婚后的股权进行约定，因此可无须写明具体的股权比例。一方或双方持有的股份公司股票、合伙企业份额或期权，也均可参照本条款约定。

例如：【男方】持有的【有限公司名称】的全部股权，无论【女方】是否在婚姻关系存续期间参与经营管理，该股权及因该股权产生的分红、增值或其他任何收益均始终为【男方】个人单独所有，不属于夫妻共同财产。

又比如：【男方】持有的【有限公司名称】的全部股权（包括现有的及将来可能增持的）对应的现金价值及因该股权产生的分红、增值或其他任何收益，自双方领取结婚证之日起均为夫妻共同财产。但【女方】特别同意：【女方】仅对股权对应的现金价值享有权益，任何时候不就上述股权主张股东身份及相应的身份权利，如【男方】将来依照各适用法律及公司章程的相关规定以任何方式处置其持有的全部或部分股权（包括但不限于质押、转让等），无须征得【女方】的同意；【男方】与其他方就该等股权签署的任何交易文件均不因

【女方】的不同意见而归于无效。

（三）债权债务

1. 债权债务原则

双方承诺，在同第三人发生债权债务关系时，应向第三人披露该约定。若因任一方怠于向第三人披露，导致第三人主张其对任何一方的债务为夫妻关系存续期间的共同债务而致使另一方遭受损失的，在向第三人履行完偿付义务后，受损失一方有权向另一方进行追偿并要求赔偿相应损失。

2. 债权债务细则

（1）双方婚前各自名下的债权债务由各自享有和承担。

（2）婚姻关系存续期间，各方以婚前财产或其他个人财产出借他人产生的债权本金及收益，归个人所有，另一方不得向他人主张债权。

（3）婚姻关系存续期间，一方未经另一方签字同意所产生的债务、个人为自己及他人担保产生的债务、经营个人财产亏损时所产生的债务，均属于个人债务。借债方须告知债务人关于夫妻双方财产各自所有、债务各自承担的约定。除双方书面签字认可的共同债务外，各自名下所欠债务由各自偿还，互不承担连带责任。因一方个人债务导致另一方对外进行了偿还的，另一方有权利追偿。

（4）任何一方因处分其个人财产而给任何第三方造成的损失由财产所有人自行承担。

3. 参考条款

如设定无共同债务的情形：

双方共同确认，对于一方所负的债务，无论是婚前或婚后产生，在谁的名下则由谁全额承担，与另一方无关。

在婚姻关系存续期间，双方如因家庭共同生活或共同生产经营需要而发生的债务，必须有双方共同签字、确认愿意共担债务的书面文件方可视为夫妻共同债务，无双方共担债务的明确表示及共同签字的书面文件则视为个人债务，均由举债一方个人承担全部责任。

在婚姻关系存续期间，一方对外举债时必须向债权人明示本财产约定，告知债权人该债务系其一方个人债务，另一方不承担还款义务，因此产生的一切后果均由举债一方自行承担。

如经法院判决或调解等司法途径确认一方确需对外共同承担另一方的债务的，则该方在偿还债务后有权就己方承担的全部债务或者超过己方承担份额的部分向另一方追偿，另一方应在收到通知后的【××】日内一次性支付完毕。另一方未能按期支付的，应按照本协议生效时中国人民银行授权全国银行间同业拆借中心发布的一年期贷款市场报价利率的四倍向对方支付违约金，并赔偿实际偿债一方因此遭受的一切损失，包括但不限于诉讼费/仲裁费、律师费、公证费、鉴定费、评估费、保全保险费、差旅费等。

如需要将某些债务约定为共同债务的，应写明发生债务的原因、发生时间、债权人信息（应附上身份证号，如债权人是公司的，则应写明公司的准确名称、统一社会信用代码）、债务总额、利率、还款时间、已偿还金额、剩余未偿还金额、各自负担债务的比例、追偿条款等。

（四）共同生活基金

基于上述约定，双方婚前、婚后财产及收入独立，为保障婚姻生活、满足共同开销和子女抚养支出，双方同意共同出资设立共同生活基金用于日常支出。共同生活基金由谁出资多少元，由谁管理，需要双方协商确定，不足时按出资比例填补。子女抚养经费的具体数额和承担比例由双方在子女出生后另行书面约定，并作为本协议的附件补充。

关于身份关系的处理不适用合同相关约定，须考察解决纠纷时哪一方更有利于子女健康成长，由双方协商决定或由法院处理，即便双方提前约定也鲜有法院在夫妻离婚时完全依照婚前协议的约定来处理子女抚养问题，双方仍可以就婚姻关系存续期间子女抚养经费的支持方式进行约定。

（五）家务劳动补偿

《中华人民共和国民法典》第一千零八十八条的规定："夫妻一方因抚育子女、照料老年人、协助另一方工作等负担较多义务的，离婚时有权向另一方请求补偿，另一方应当给予补偿。具体办法由双方协议；协议不成的，由人民法院判决。"实践中，存在着大量的一方（以女性居多）在婚后减少工作甚至辞职而照顾家庭、抚育孩子的情况，但照顾家庭更多的一方往往在经济上处于被动地位，尤其在签署协议（无论是婚前协议还是婚后协议都要注意）约定婚后财产归各自所有、没有或者较少夫妻共同财产的情形下，照顾家庭更多的一方的合法权益无法得到很好的保障。基于此，我们建议可以在全盘、慎重考虑所签署的财产协议对自己可能造成的不利后果的基础上，提前约定好对照顾家庭更多一方的补偿，有助于在一定程度上弥补该方因为照顾家庭而减少/失去收入的财产利益。但具体怎么提前制订合理的补偿方案，需要视个案的家庭、收入等各方面情况具体分析而定。

参考条款为：

基于男、女双方对结婚后家庭、工作的共同安排，【男方】认可【女方】将在经营家庭、抚育子女、照料老人等方面付出更多，【女方】的工作、收入等均可能因此受到重大影响。因此，在本协议关于财产的约定之外，【男方】承诺按照以下方式负担家庭经济支出并给予【女方】补偿：

（1）双方结婚后的所有家庭支出（包括子女出生后的所有抚养费），均由【男方】承担。

（2）【男方】每年向【女方】支付补偿款人民币【××】元，且该等补偿款为【女方】的个人财产，非夫妻共同财产。【男方】未支付的，【女方】有权随时向【男方】主张或一并向【男方】主张未支付部分。

（3）除非双方另行协商一致，否则【男方】向【女方】支付的前述补偿金不因任何原因减少。

（六）其他事项

（1）身份信息。协议中涉及的所有人名都应当是与其本人身份证、护照等身份证件上所载名字一致的全名。如果是中国公民，应附上本人的身份证号码，如果是非中国公民的，则应附上其他有效身份证件的名称及准确号码。

（2）产权变更。结婚前房产登记在一方名下、双方约定房产在婚后变为夫妻共同财产的情况。须提请注意的是，对于约定房产为夫妻共有但结婚后原登记一方始终没有办理产权变更手续在房产证上加上另一方名字，离婚时该房产到底是个人财产还是夫妻共同财产的处理，目前各地法院存在大量同案异判的情形。因此，该条款对于未登记为房产共有人的一方存在风险，签署该等协议后务必督促对方及时办理产权变更登记，同时我们建议可以将婚前协议进行公证，或者在政策允许的情况下，结婚前即要求先行办理变更登记。

（3）避免无效。婚前协议中仅应对特定财产在夫妻关系存续期间是个人财产还是共同财产做陈述性表述，切忌使用诸如"离婚时财产归谁所有"之类的表述，避免被错误解读为是对离婚时财产如何分割做出的约定，否则依照《最高人民法院关于适用〈中华人民共和国民法典〉婚姻家庭编的解释（一）》第六十九条的规定："当事人达成的以协议离婚或者到人民法院调解离婚为条件的财产以及债务处理协议，如果双方离婚未成，一方在离婚诉讼中反悔的，人民法院应当认定该财产以及债务处理协议没有生效，并根据实际情况依照民法典第一千零八十七条和第一千零八十九条的规定判决。"而《中华人民共和国民法典》第一千零八十七条规定："离婚时，夫妻的共同财产由双方协议处理；协议不成的，由人民法院根据财产的具体情况，按照照顾子女、女方和无过错方权益的原则判决。对夫或者妻在家庭土地承包经营中享有的权益等，应当依法予以保护。"第一千零八十九条规定："离婚时，夫妻共同债务应当共同偿还。共同财产不足清偿或者财产归各自所有的，由双方协议清偿；协议不成的，由人民法院判决。"

（4）独立条款。其他事项包括本协议的法律适用，本协议的效力以及协议生效的时间。本协议虽名为《婚前财产协议书》，但不影响协议中关于子女抚养、婚后财产处理等相关约定的效力。一旦婚姻关系解除的事实发生，任何一方不得向另一方主张分割本协议所约定的婚前财产及婚后属于各方的个人财产。

六、夫妻财产约定

婚前财产协议侧重于男女双方在结婚登记之前对婚前财产的确认和对婚前财产在婚后收益的约定，也有的男女双方是在婚姻登记之后针对婚前财产进行约定。婚内财产协议也是大众表达的"夫妻财产约定"，则侧重于夫妻双方对夫妻共同财产的归属进行约定，夫妻可以约定婚姻关系存续期间所得的财产以及婚前财产归各自所有、共同所有或部分各自所有、部分共同所有。现我们以某公证处办理"财产约定协议书"的模板进行分享。

（一）标题确定

《中华人民共和国民法典》第一千零六十五条男女双方可以约定婚姻关系存续期间所得的财产以及婚前财产归各自所有、共同所有或者部分各自所有、部分共同所有。约定应当采用书面形式。没有约定或者约定不明确的，适用本法第一千零六十二条、第一千零六十三条的规定。夫妻对婚姻关系存续期间所得的财产以及婚前财产的约定，对双方具有法律约束力。《最高人民法院关于适用〈中华人民共和国民法典〉婚姻家庭编的解释（一）》第三十二条规定，婚前或者婚姻关系存续期间，当事人约定将一方所有的房产赠与另一方或者共有，赠与方在赠与房产变更登记之前撤销赠与，另一方请求判令继续履行的，人民法院可以按照民法典第六百五十八条的规定处理。

婚前财产协议应该对应婚内财产协议，应当载明男方与女方于××年××月××日登记结婚，系合法夫妻关系。对于婚姻关系存续期间签订的婚内财产协议而言，我们建议标题用"夫妻财产约定"。因为司法实务中大量的婚内财产约定会涉及夫妻之间赠与房产的处理，夫妻财产约定的条款在名为《婚内财产协议》《夫妻财产约定》《分居协议》《赠与协议》《分家析产协议》等协议之中，《中华人民共和国民法典》确认夫妻对婚姻财产约定的合法性，却又赋予赠与人任意撤销权，如果夫妻之间的房屋赠与未办理过户登记，赠与人在赠与财产的权利转移之前可以撤销赠与，经过公证的赠与合同除外。可见夫妻财产约定和赠与的实务区分较为复杂，标题明确为"夫妻财产约定"更为单纯。

（二）现有财产确定

协议中仅应对特定财产在夫妻关系存续期间是个人财产还是共同财产做陈述性表述，切忌使用诸如"离婚时财产归谁所有"之类的表述，避免被错误解读为是对离婚时财产如何分割做出的约定；否则依照《最高人民法院关于适用〈中华人民共和国民法典〉若干问题的解释（一）》第六十九条的规定，导致该协议未生效或无效。

夫妻财产约定中涉及财产类型多种多样，这里仅列举常见的不动产、车辆、股权、保险的条款设计要点。

1. 不动产

不动产应载明产权登记、房屋权属、费用负担、价值增益、租金收入、单独处分等具体信息。夫妻财产约定中涉及不动产的情况多种多样，在此不便一一列举。

例如：位于××市××号不动产（见业务件号：权××）系甲、乙双方在婚姻关系存续期间以甲方名义按揭购买取得，产权登记为甲方××单独所有，该不动产的首付款及权证过户、按揭贷款所产生的费用均由甲方支付。现甲、乙双方约定：将该不动产的权属明确约定为甲方××个人单独所有；该不动产按揭所产生的债务由甲方××个人承担并支付（甲乙双方此条约定不得对抗上述不动产按揭贷款的债权人）。该不动产因不动产价格增值而产生的价值增益部分及因租售而产生的收益也约定归甲方××个人所有。甲方有权单独处分上述不动产（包括但不限于出售、出租、抵押等），无须经得乙方同意，乙方不得干涉。

2. 车辆

车辆应当载明车辆登记、产权所有、费用负担、单独处分、收益归属等具体信息。

例如：××牌轿车一辆（车牌号为：××，发动机号为：××）系甲、乙双方在婚姻关系存续期间以甲方名义按揭购买取得，登记在甲方××名下。该车辆的首付款及按揭贷款所产生的费用均由甲方支付，现甲、乙双方约定：将该车辆的权属明确约定为甲方××个人单独所有；该车辆按揭所产生的债务由甲方××个人承担并支付（甲、乙双方此条约定不得对抗上述车辆按揭贷款的债权人）。甲方有权单独处分上述车辆（包括但不限于出售、抵押等），无须经得乙方同意，乙方不得干涉，因出售产生的收益也归甲方个人所有。

3. 股权

股权应当载明持有股权（股份/出资额）、单独所有、分红、增值或其他任何收益、单独处置、转让收益等信息。

例如，约定归个人的情形：以甲方名义持有的××有限公司的股权（包括现有的及将来可能增持的），无论乙方是否在婚姻关系存续期间参与经营管理，该股权为甲方个人单独所有，同时因该股权产生的分红、增值或其他任何收益均归甲方个人所有，不属于夫妻共同财产。甲方有权单独处置该股权（包括但不限于转让、质押等），无须经得乙方同意，因转让产生的收益也归甲方个人所有。

又比如，约定为共有的情形：以甲方名义持有的××有限公司的股权（包括现有的及将来可能增持的）对应的现金价值及因该股权产生的分红、增值或其他任何收益，在婚姻关系存续期间均为夫妻共同财产。乙方不得就上述股权主张股东身份及相应的身份权利，同时甲方有权单独处置该股权（包括但不限于转让、质押等），无须征得乙方同意，但因转让产生的收益归甲乙双方共同所有。

4. 保险

载明每份保险合同的基本信息并约定，或者概况约定保单现金价值及所产生的收益和处分。

例如：以甲方名义投保的保险，其保单现金价值及所产生的收益均约定归甲方个人单独所有。甲方有权单独处置该保险保单（包括但不限于退保、质押等），无须经得乙方同意。

（三）未来财产约定

1. 登记为准

甲、乙双方今后在婚姻存续期间新取得的财产，均以登记为准，归登记一方个人所有，不作为夫妻共同财产，同时因该财产产生的任何收益和增值部分也约定归各方个人所有。

2. 独立处分

各方对各自取得的财产有权独立进行处置（包括但不限于出售、出租、抵押等），无须经得另一方的同意，且另一方无权干涉，因租售产生的收益也归各方个人所有。

3. 收益、继承、赠与归个人所有

在婚姻存续期间，一方接受赠与或继承取得的财产均约定归各自所有，不作为夫妻共同财产，如赠与人或遗嘱继承中立遗嘱人明确表示作为夫妻共同财产的情形除外。

（四）债权债务的约定

夫妻双方共同确认，对于一方所负的债务，无论是在婚前或婚姻存续期间产生，在谁名下的债务由谁全额承担，与另一方无关。

夫妻双方如因家庭共同生活或生产经营需要而发生的共同债务，必须经双方同意，并有双方共同签字确认共担债务的书面文件；否则视为举债方个人债务，由该方个人承担责任。

如一方个人对外举债，应向债权人出示本财产约定，告知该债务系其个人债务，另一方不承担还款义务，由举债方自行承担责任。

（五）损害赔偿的约定

如前述财产需到相关部门办理所有权变更登记手续，夫妻双方应互相配合共同到相关部门办理手续。如一方不配合办理而导致不能及时变更登记，应补偿另一方因此而产生的全部损失，同时承担相应的违约责任。

"婚前财产协议"中对于婚后财产归属的约定较为详细，夫妻财产约定的内容也可以参阅前篇"婚前财产协议"的相关内容。